MON LOUVRE

MY LOUVRE

Flammarion LOUVRE

Un Louvre à soi

Entrer au Louvre par la pyramide de verre conçue par Ieoh Ming Pei, parcourir ses galeries, découvrir au fil de la déambulation les œuvres insignes que conserve le plus grand musée du monde est une expérience magique, éblouissante, dont le souvenir nous habite longtemps. Ouvert à toutes et à tous depuis 1793, le Louvre appartient à chacune et à chacun ; les œuvres sont des biens communs, c'est leur force. Nous aimerions souvent, pourtant, les garder pour nous seuls, les conserver près de nous, les associer à nos habitudes les plus intimes, en acquérir ainsi une familiarité constante, au point que, petit à petit, elles se transformeraient à nos yeux et, sans rien perdre de leur splendeur, deviendraient telles que nous nous plaisons à les imaginer.

En réunissant entre ses pages des reproductions de grande qualité, et en offrant la possibilité de les détacher afin d'en user à sa guise, de les glisser dans un ouvrage précieux, de les encadrer, de les offrir, ce livre permet de donner aux souvenirs une force vivante. Retenue parmi les plus belles peintures de la collection du Louvre, la sélection d'œuvres présentée ici traverse l'histoire de la peinture occidentale du Moyen Âge au XIXe siècle, dont les sujets sont tirés de la grande Histoire, des épisodes de la Bible ou de la mythologie.

Plus de quatre siècles après avoir été peinte avec une finesse révélant tous les détails du travail méticuleux et précis à laquelle la jeune femme s'adonne, *La Dentellière* de Vermeer, créée au XVIIe siècle aux Pays-Bas, donne à voir une tout autre lumière que celle qu'on connaissait jusqu'alors : à la fois dorée et doucement tempérée, elle offre à cette scène de genre une dimension presque sacrée. Peintes au début du XIXe siècle, les grandes toiles de Jacques Louis David, de Théodore Géricault et d'Eugène Delacroix représentent des événements de leur temps. Connaisseurs habiles de la tradition picturale, les artistes se réfèrent à l'art des grands maîtres, associant l'invention artistique avec l'observation du réel. C'est ainsi que David célèbre l'empereur Napoléon Ier avec une scène de sacre où il mêle à la cérémonie son souvenir du *Couronnement de Marie de Médicis* de Pierre Paul Rubens, qui inspire la composition d'ensemble. En donnant à un épisode malheureux de son époque, le naufrage d'un navire français, *La Méduse*, la taille et l'ambition de la peinture d'histoire, Théodore Géricault conçoit une œuvre qui semble, comme l'a écrit le grand historien Jules Michelet, pouvoir emporter la France tout entière. Peinte quelques mois après les journées révolutionnaires de juillet 1830, qui ont mis fin au règne du roi Charles X, *La Liberté guidant le peuple* de Delacroix introduit une figure allégorique, cette femme plus grande que nature, inspirée des sculptures antiques, dont elle a la monumentalité et l'énergie, dans une scène tirée des combats qui ont fait rage à Paris.

Les plus grands maîtres sont représentés ici, ceux dont la puissance créatrice a su transformer l'art et le réel, en donnant aux portraits de femme, aux nus voluptueux comme aux scènes de bataille, de sacre ou de naufrage, une puissance singulière, qui inspire les artistes et métamorphose notre vision du monde.

Dominique de Font-Réaulx

A Louvre of One's Own

Visitors are dazzled as they enter the Louvre through I.M. Pei's glass pyramid. Strolling through its galleries and discovering exceptional works of art displayed in the world's most renowned museum make for magical, unforgettable experiences. Opened to the public in 1793, the Louvre belongs to every one of us. We all share spiritual ownership of these artworks, and therein lies their power. But sometimes we long to have these paintings to ourselves, keeping them near us, engaging them in our private world. We wish they could become constant companions, so intimately part of our lives that they are gradually transformed, losing none of their splendor yet becoming just what we want them to be.

This collection of fine-quality reproductions, to detach and use as you please—slip them into a favorite book, frame them for your walls, or give them as gifts—brings our memories to life. Selected from among the Louvre's most beautiful paintings, the works featured here trace the history of Western art from the Middle Ages through the nineteenth century, and their subjects are inspired by historical scenes, biblical stories, and classical mythology.

Painted nearly four hundred years ago, Johannes Vermeer's *The Lacemaker* was executed with a subtlety that reveals every minute detail of the young woman's meticulous, painstaking craftsmanship. The seventeenth-century Dutch panel is suffused with a golden, otherworldly light, illumining this genre scene with a sense of the sacred. In contrast, the great canvases painted by Jacques Louis David, Théodore Géricault, and Eugène Delacroix in the early nineteenth century represent contemporary events. Knowledgeable connoisseurs of pictorial tradition, the painters drew on the works of the old masters, combining artistic invention with close observation of real life. David honored Emperor Napoleon I with a coronation scene that mingles the modern ceremony with his memory of Peter Paul Rubens's *Coronation of Marie de Medici*, the work that inspired his composition. When Théodore Géricault painted the wreck of the French ship *The Medusa*, a tragic event of his own day, with the scale and ambition of a history painting, he created a work of profound impact; in the words of the great historian Jules Michelet, "Our whole society is aboard the raft of *The Medusa*." Painted a few months after the revolutionary days of July 1830 that put an end to the reign of King Charles X, Delacroix's *July 28: Liberty Leading the People* introduced the allegorical figure of Liberty: a statuesquely tall and vibrant woman inspired by classical sculpture. She radiates energy and monumentality, dominating a scene of conflict that incensed and moved the people of Paris.

The greatest artists are represented in this book— those whose creative vision transformed both art and reality, conferring a singular power on female portraits, voluptuous nudes, and depictions of battles, coronations, and shipwrecks. These masterworks have provided inspiration for artists and radically changed our view of the world.

Dominique de Font-Réaulx

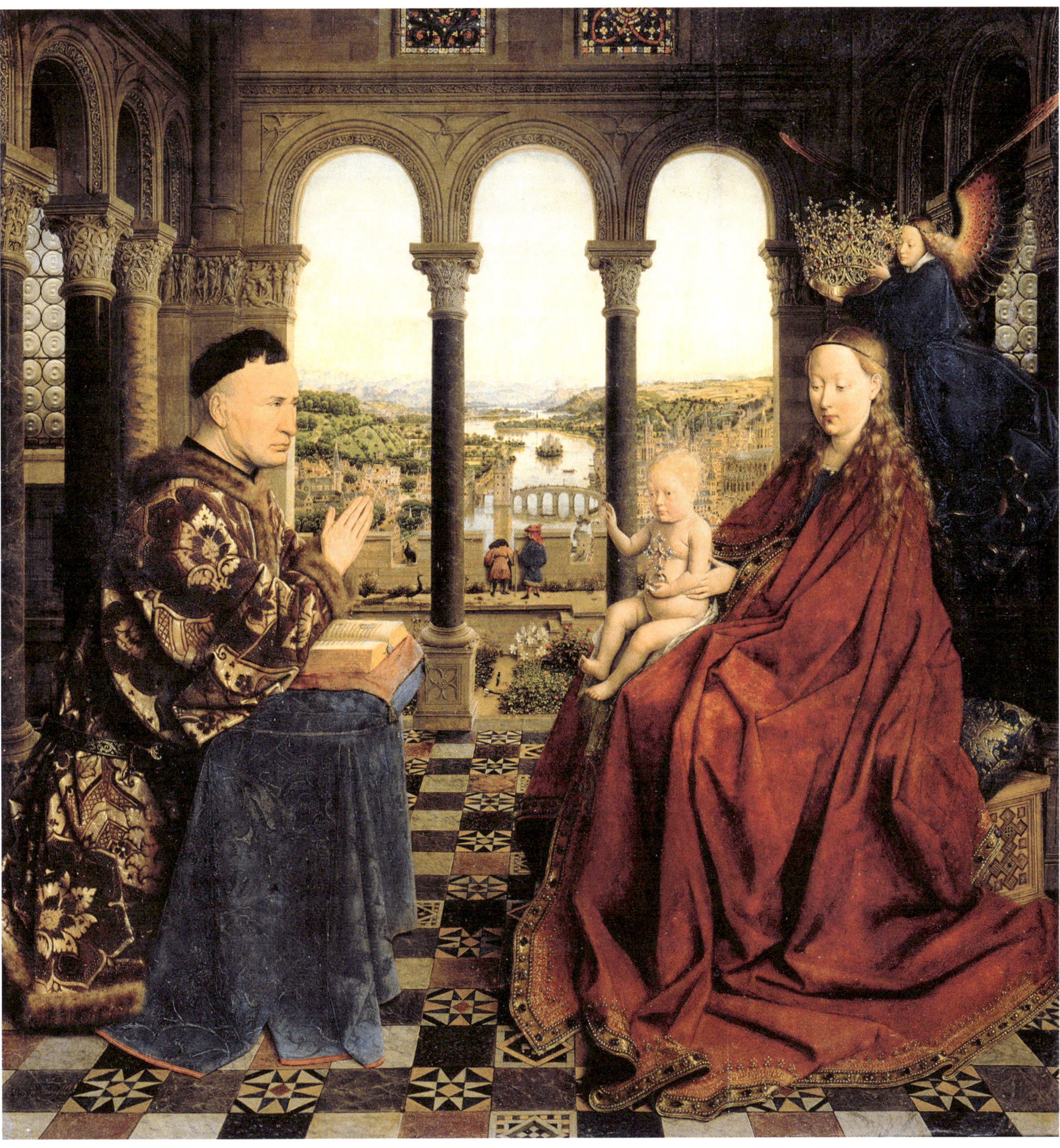

c. 1435

Jan Van Eyck
La Vierge du chancelier Rolin

huile sur bois
66 × 62 cm
Paris, musée du Louvre,
aile Richelieu, 2ᵉ étage, salle 818

Jan Van Eyck
The Virgin and Child with Chancellor Rolin

oil on panel
26 × 24½ in. (66 × 62 cm)
Musée du Louvre, Paris
Richelieu wing, 2nd floor, room 818

Chancelier du duché de Bourgogne, dignitaire influent de la cour du duc Philippe le Bon, Nicolas Rolin commande, vers 1432-1435, ce tableau au peintre Jan Van Eyck (Masseyck, v. 1390/1395 - Bruges, 1441) pour une chapelle de l'église Notre-Dame-du-Châtel à Autun. Le duché de Bourgogne, l'un des plus puissants États européens, réunit deux entités : la Bourgogne et la Flandre. Il n'est donc pas étonnant que le peintre flamand Van Eyck ait été choisi.

Le tableau reflète la conception du monde au xvᵉ siècle : à gauche, le monde terrestre représenté par le chancelier agenouillé, et une simple ville ; à droite, le monde céleste avec la Vierge Marie, l'Enfant Jésus, l'ange et une ville qui ne compte que des églises. L'espace au milieu de la composition forme avec le fleuve la séparation entre les mondes céleste et terrestre.

Van Eyck a recours à la peinture à l'huile – on lui en attribue à tort l'invention – et utilise la perspective afin de reproduire la réalité avec une grande minutie. Le costume du chancelier, les veines de ses tempes, la couronne de la Vierge, chaque détail est traduit à la perfection. Chaque élément a un sens : fleurs, animaux, chapiteaux, chacun raconte une histoire qui participe à l'histoire générale, de la même manière que le paysage, encadré par la loggia, forme un tableau dans le tableau.

Nicolas Rolin, chancellor of the duchy of Burgundy, was an influential figure in the court of Duke Philip the Good. Between 1432 and 1435, he commissioned this painting from Jan van Eyck (Maaseik, c. 1390/1395– Bruges, 1441) for the lady chapel in the church of Notre-Dame-du-Châtel in Autun. The duchy was one of the most powerful European states at the time, combining two wealthy territories: Burgundy and Flanders. The Flemish artist Jan van Eyck was thus an obvious choice for the commission.

The painting reflects the fifteenth century's worldview. On the left, the earthly realm is represented by the kneeling chancellor, with a typical medieval town in the distance. The celestial kingdom is shown on the right: the Virgin Mary is enthroned with the infant Jesus, an angel hovers above, and a city of churches can be seen behind them. The river in the center of the composition divides the heavenly domain from the terrestrial.

Van Eyck excelled in the use of oil paint—he is credited with inventing the medium—and employed perspective to depict the real world with startling precision. The chancellor's clothing, the veins in his temples, and the Virgin's crown—each infinitesimal element is minutely rendered. Every detail has symbolic significance. Flowers, animals, and architecture all contribute to telling a story within a larger story, just as the landscape framed by the loggia forms a picture within a picture.

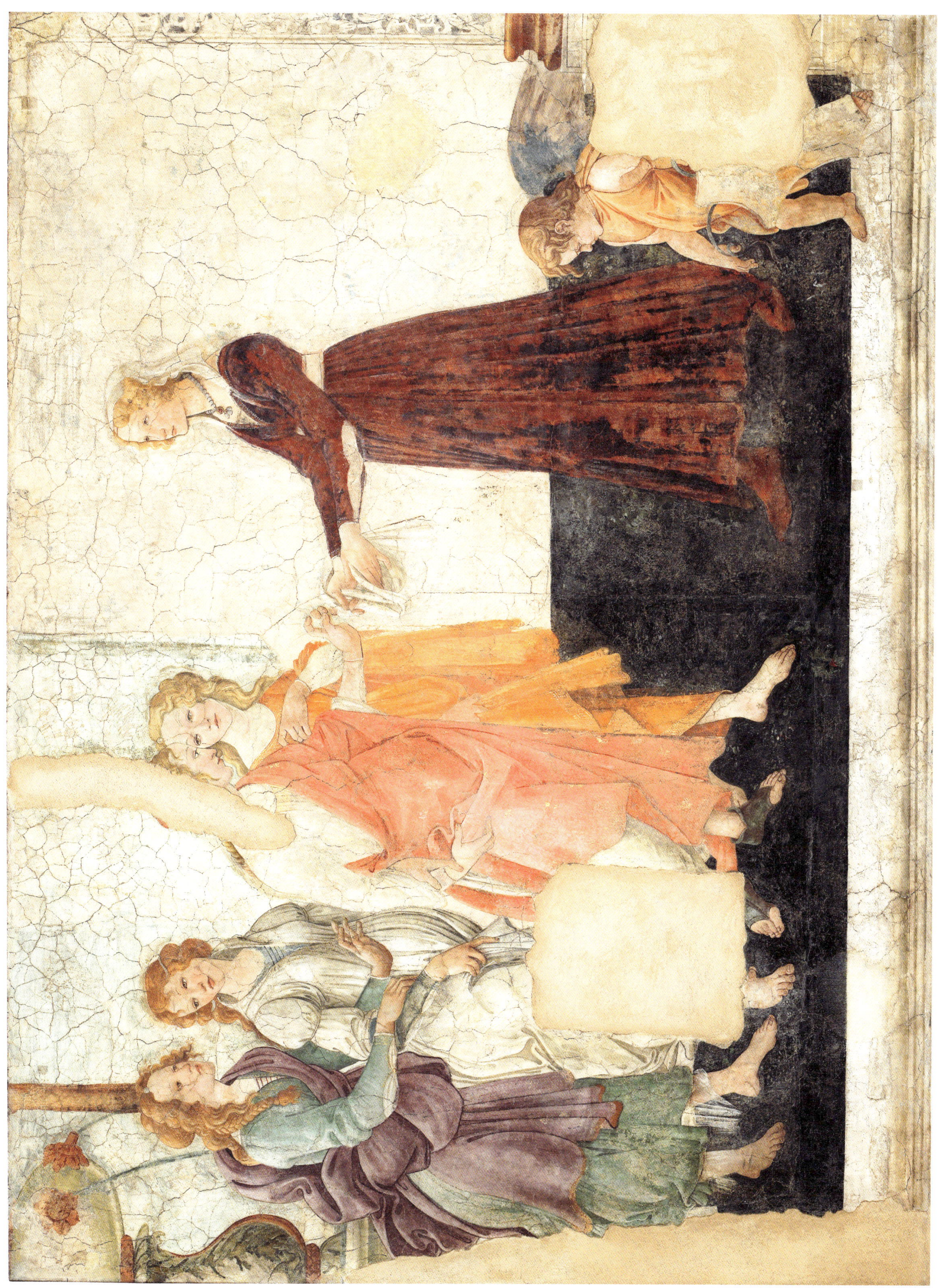

1483 – 1485

Sandro Botticelli

Vénus et les trois Grâces offrant des présents à une jeune fille

fresque
211 × 283 cm
Paris, musée du Louvre,
aile Denon, 1ᵉʳ étage, salle 706

Sandro Botticelli

Venus and the Three Graces Offering Gifts to a Young Lady

fresco
6 ft. 11 in. × 9 ft. 3½ in. (2.11 × 2.83 m)
Musée du Louvre, Paris
Denon wing, 1st floor, room 706

Cette fresque provient de la villa Lemmi, près de Florence. On y voit une jeune femme, entourée de trois jeunes filles, qui reçoit des mains de Vénus un bouquet de fleurs. Sandro Botticelli (Florence, 1445 - Florence, 1510), à l'égal des humanistes de son temps, considérait Vénus comme la mère des arts et du savoir. La jeune femme, simple mortelle, reçoit le don inestimable de la connaissance, qui permet à l'homme d'accéder à l'immortalité de l'âme. Les trois Grâces, à ses côtés, incarnent les trois actions de la libéralité – « donner, recevoir, rendre » – qui forme le pivot de la pédagogie néoplatonicienne des philosophes de la Renaissance. Leur type physique, à la beauté élégante mais presque immatérielle, est caractéristique des jeunes femmes peintes par Botticelli. Elles représentent la beauté idéale, chère aux cercles érudits que fréquentait l'artiste. L'art de Botticelli se nourrit moins de la réalité sensible que d'idées. Raffinée, utilisant la courbe en un dessin subtil et précis à la fois, sa peinture met en scène des personnages surtout féminins et allégoriques dans des paysages ou des architectures qui sont plutôt des décors que des évocations d'espaces réels. Cette originalité le distingua de ses contemporains comme Léonard de Vinci ou Raphaël.

This fresco was painted for a villa in Lemmi, a town near Florence. It depicts a youthful woman receiving a bouquet of flowers from the hands of Venus and three attendant maidens. Like other humanists of the era, Sandro Botticelli (Florence, c. 1445–Florence, 1510) regarded the goddess as the mother of the arts and knowledge. Here, a young woman, a mere mortal, receives the priceless gift of knowledge that allows humankind to aspire to immortality of the soul. The three Graces by her side represent the three aspects of liberality—giving, receiving, and gratitude—which are the essence of the Neoplatonist teachings of Renaissance philosophers. The young women painted here epitomize Botticelli's physical ideal: an elegant and almost insubstantial loveliness. They represent an idealized vision of beauty that was much admired in the erudite circles frequented by the painter.

Botticelli's art drew its inspiration from concepts rather than sensory reality. His work is graceful and refined; his curving lines and draftsmanship are both subtle and precise. He generally featured feminine allegorical figures as his subjects, depicting them within landscapes or architectural fantasies that are more like backdrops than representations of actual spaces. His original approach set him apart from contemporary artists, including Leonardo da Vinci and Raphael.

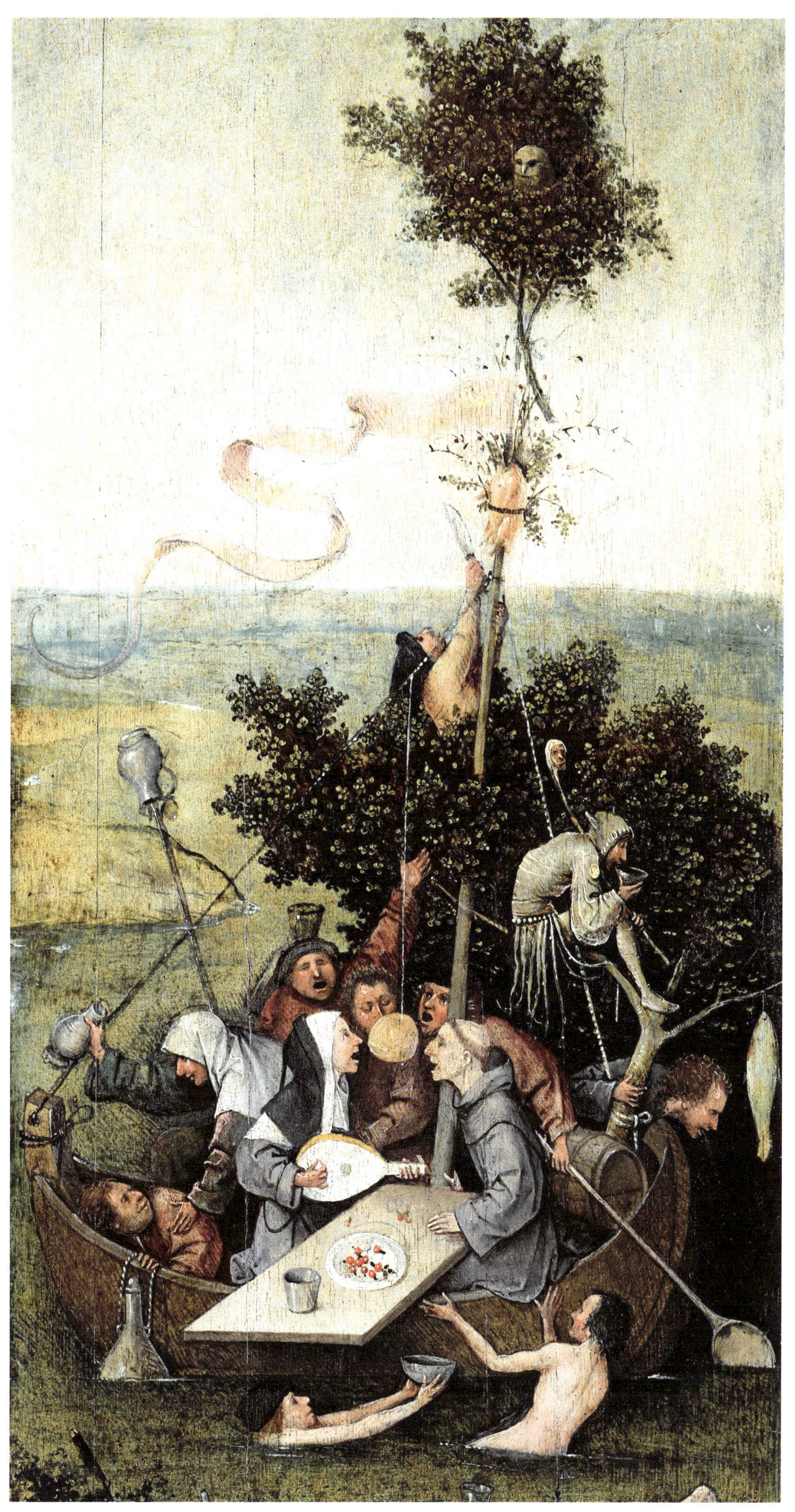

c. 1500

Jérôme Bosch

La Nef des fous

huile sur bois
58 × 33 cm
Paris, musée du Louvre,
aile Richelieu, 2ᵉ étage, salle 815

Sur un bateau à la dérive, plusieurs personnages sont entassés. Fous, ivres, tous sont dépeints dans des attitudes grotesques. Un moine et une nonne tentent d'attraper un gâteau suspendu entre eux. Cette composition étonnante, caractéristique de l'œuvre de Jérôme Bosch (Bois-le-Duc, v. 1450-Bois-le-Duc, 1516), dépeint non sans humour la folie des hommes qui se sont écartés de Dieu, pervertis par les plaisirs des sens.

Chaque élément symbolise une idée : les deux religieux et les passagers représentent le clergé livré aux vices ; la barque chargée d'ivrognes, l'Église partant à la dérive ; les hommes qui tentent de s'accrocher au rebord, les pauvres chrétiens abandonnés. Cette allégorie morale dénonce sur le mode burlesque la corruption de la société en général, celle du clergé en particulier, et exprime la crise spirituelle que traverse cette époque dont la confiance en l'Église institutionnelle est ébranlée par les excès de cette dernière.

Peintre et dessinateur flamand, Bosch traite un thème courant au XVᵉ siècle mais d'une manière originale : il invente la peinture satirique et fantastique.

Ce tableau, qui s'intitule aussi *Satire de noceurs débauchés*, est un élément du volet gauche d'un triptyque dont le centre est perdu. Il se raccorde exactement à l'*Allégorie de la débauche et du plaisir* qui se trouve à la Yale University Art Gallery à New Haven (Connecticut) ; le volet droit, *La Mort de l'avare*, est exposé à la National Gallery of Art de Washington. Il dénonce deux péchés : l'avarice et l'excès. *La Nef des fous* est la seule œuvre de Bosch conservée au Louvre.

Hieronymus Bosch

The Ship of Fools

oil on panel
22¾ × 13 in. (58 × 33 cm)
Musée du Louvre, Paris
Richelieu wing, 2nd floor, room 815

A throng of madmen and drunkards cram into a rudderless ship. The poses of these freakish beings are grotesque, including a monk and a nun contending for a cake suspended between them. This astonishing composition is typical of the work of Hieronymus Bosch (Bois-le-Duc, c. 1450–Bois-le-Duc, 1516); with a distinctive sense of ribald humor, he depicts the folly of humankind, removed from God and perverted by sensual pleasures.

Each detail here conveys a message. The religious figures and other passengers represent a clerical class given over to vice. The ship laden with drunkards symbolizes the Church veering off course. The men overboard attempting to cling to the boat are the Christian poor, abandoned to their fate. This allegory is a burlesque denunciation of an entire society's moral bankruptcy, with particular attention to the failings of the clergy. The painting expresses the spiritual crisis of this era when the people's trust in the established Church was shaken by the institution's corruption and excesses.

Bosch, a Flemish painter and draftsman, addressed current themes of the fifteenth century in his own novel fashion, inventing a satirical and fantastical painting style. This work, also known as *Satire of the Debauched Revelers*, was part of the left panel of a triptych whose central panel has been lost. It corresponds to the *Allegory of Intemperance* in the Yale University Art Gallery in New Haven, Connecticut. The right panel, *Death and the Miser*, is in the National Gallery of Art in Washington. It condemns two deadly sins: avarice and gluttony. *The Ship of Fools* is the Louvre's only work by Bosch.

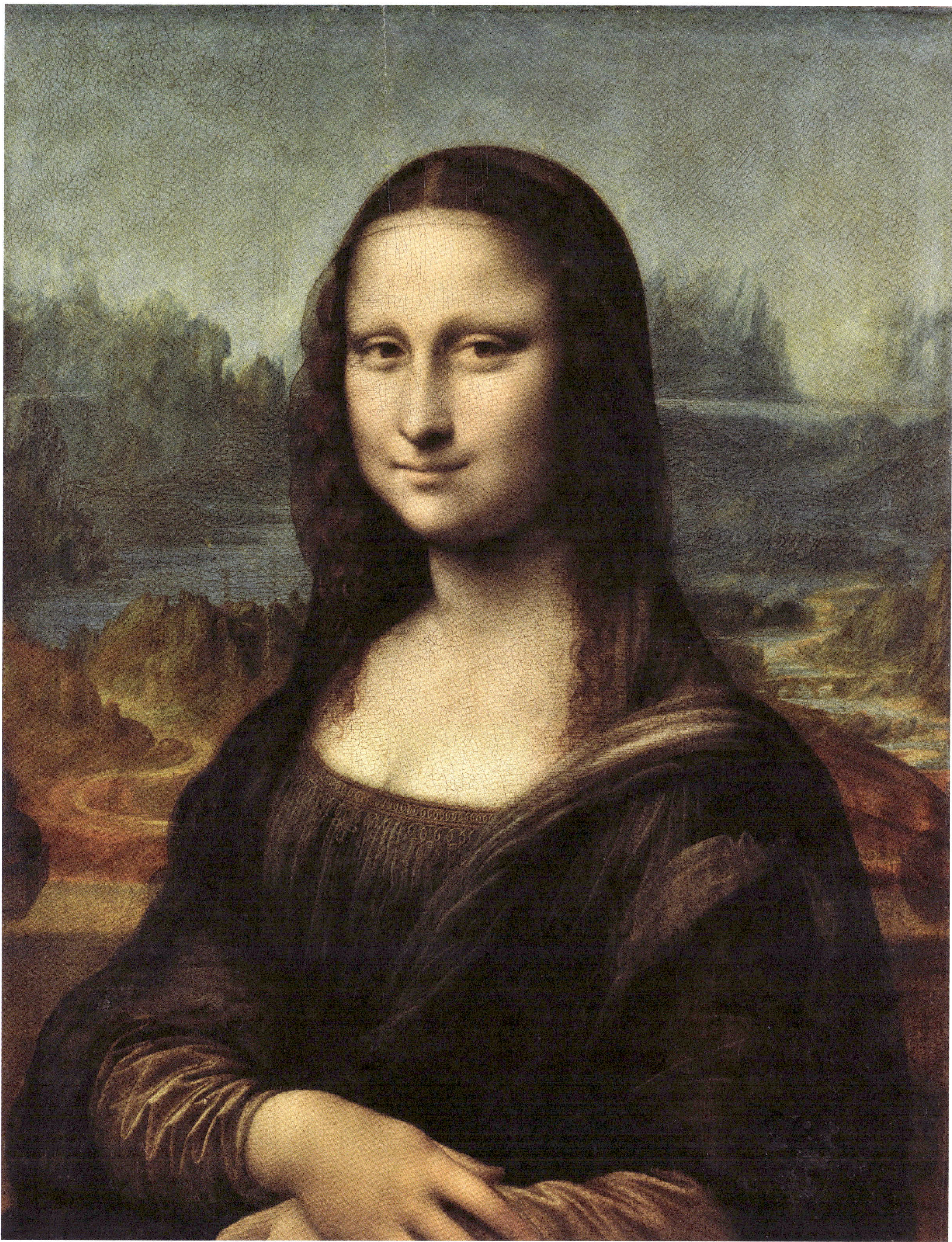

1503–1506

Léonard de Vinci

Portrait de Lisa Gherardini dit *La Joconde* ou *Monna Lisa*

huile sur bois
77 × 53 cm
Paris, musée du Louvre,
aile Denon, 1er étage, salle 711

La beauté sereine du visage avec son célèbre sourire, la pose raffinée des mains et le mystère du paysage imaginaire de l'arrière-plan expliquent en partie la notoriété du portrait de Monna Lisa. Cette icône universelle est devenue le symbole même du Louvre. Son vol, commis en 1911 par le peintre en bâtiment italien Vincenzo Peruggia, a même contribué à renforcer sa légende.

Vraisemblablement commencée à Florence en 1503, emportée à Milan en 1506 puis en France en 1517, *La Joconde* a voyagé au côté de Léonard de Vinci (Vinci, 1452-Amboise, 1519). Fasciné, François Ier l'achètera à la mort de l'artiste à son héritier, Salaï. Par l'originalité de la composition, la monumentalité de la figure et l'harmonieuse association du modèle et du paysage environnant, l'œuvre, au début du XVIe siècle, marque un moment important dans l'évolution du portrait.

Par son cadrage et sa mise en scène, *La Joconde* s'insère dans un courant propre aux artistes du début de la Renaissance italienne. Elle est représentée non plus en buste sur un fond uni et foncé, comme dans les portraits flamands du XVe siècle, mais à mi-corps, de trois quarts, assise dans une loggia dont on devine les colonnettes. À l'arrière-plan, la nature apparaît à l'état sauvage, comme un monde imaginaire. Cette perception fantastique prolonge le mystère qui émane du modèle.

Leonardo da Vinci

Portrait of Lisa Gherardini, known as *Mona Lisa*

oil on panel
30¼ × 20¾ in. (77 × 53 cm)
Musée du Louvre, Paris
Denon wing, 1st floor, room 711

The serene loveliness of her legendary smile, the elegant pose of her hands, and the mystery of the imaginary landscape in the background—these qualities only partially explain the spell cast by Mona Lisa's portrait. This universally recognized image has become the iconic symbol of the Louvre. Its theft by the Italian housepainter Vincenzo Peruggia in 1911 only added to its renown.

Probably begun in Florence in 1503, transported to Milan in 1506 and then to France in 1517, *Mona Lisa* accompanied Leonardo da Vinci (Vinci, 1452–Amboise, 1519) on his travels. King Francis I was fascinated by the painting, which he purchased from Leonardo's heir Salaì following the artist's death. The work's novel composition, the monumentality of its subject, and the harmonious relationship between the model and the landscape backdrop combine to make *Mona Lisa* pivotal in the development of early sixteenth-century portraiture.

Mona Lisa's composition and setting reflect a trend that was prevalent in early Renaissance Italian art. The subject is no longer shown as a bust in front of a solid, dark background, as was typical of fifteenth-century Flemish portraiture. Here, the figure is shown half length, in three-quarter view, seated on a loggia whose colonnettes seem just out of sight. In the distance, the natural world is represented in its untamed state, suggestive of an imaginary realm. This magical vista enhances the sense of mystery that emanates from the painting's sitter.

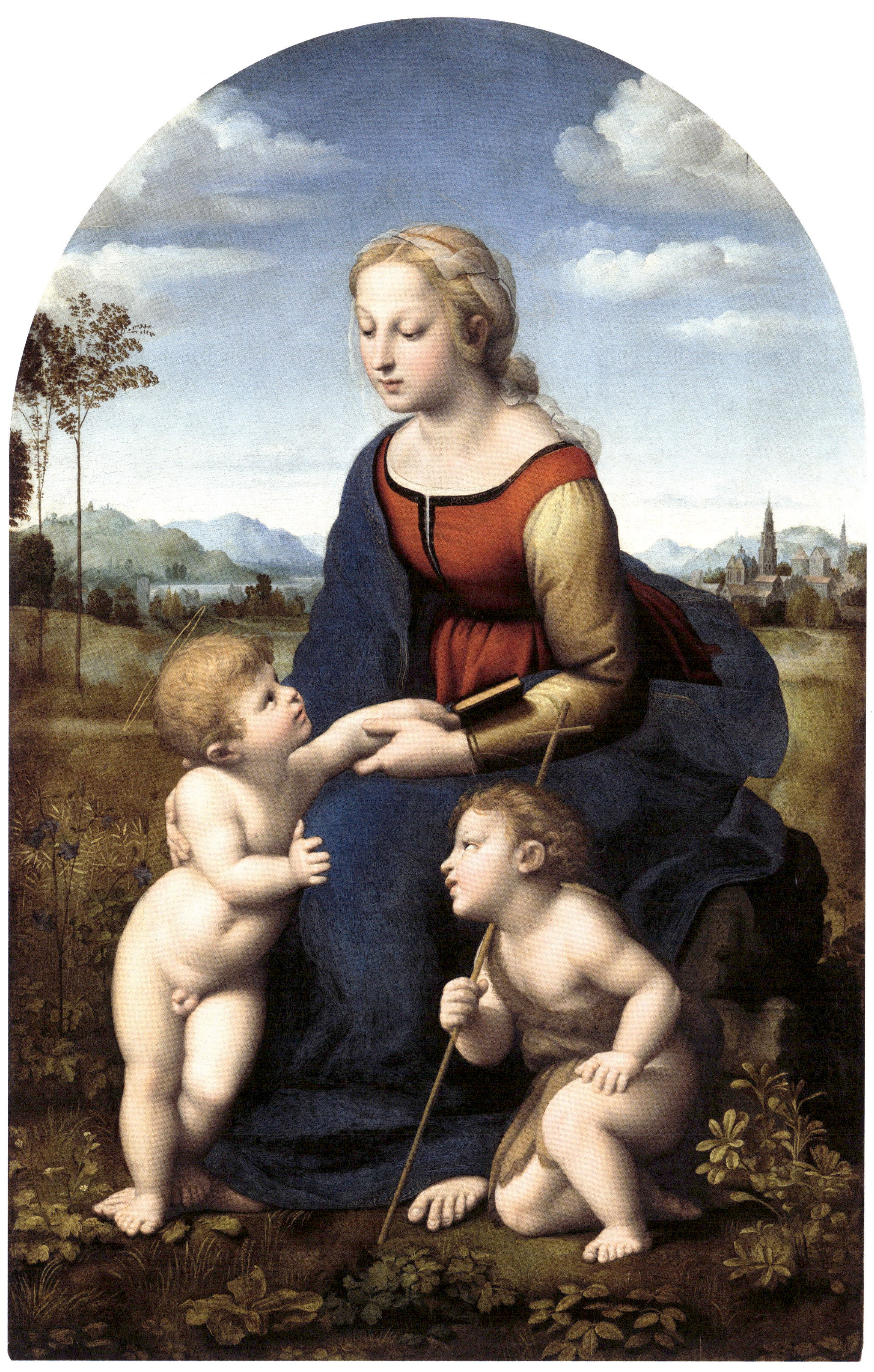

1505–1508

Raphaël

La Vierge à l'Enfant avec le petit saint Jean Baptiste,
titre d'usage : *La Belle Jardinière*

huile sur bois
122 × 80 cm
Paris, musée du Louvre,
aile Denon, 1er étage, salle 710

Raphael

La Belle Jardinière,
known as *Madonna and Child*
with Saint John the Baptist

oil on panel
4 ft. × 2 ft. 7½ in. (122 × 80 cm)
Musée du Louvre, Paris
Denon wing, 1st floor, room 710

La Vierge est assise sur une roche, au milieu d'une prairie ou d'un jardin parsemé de plantes et de fleurs en bouton. Cet environnement naturel lui a valu son surnom de « Belle Jardinière ». Elle est accompagnée de l'Enfant Jésus et de Jean Baptiste, qui s'incline devant son cousin et tient dans sa main droite la croix annonçant le futur sacrifice du Christ. L'Enfant Jésus repose sur le pied de Marie et tend le bras vers le livre de prières où est déjà écrit son destin de crucifié. La Vierge, les yeux baissés, le retient de la main gauche dans un geste d'union. De ces personnages, reliés par le jeu des gestes et des regards, émane une intimité paisible, qu'accentue la construction pyramidale de la composition.

Actif à Florence de 1504 à 1508, Raphaël (Urbin, 1483-Rome, 1520) y crée le modèle idéal de la Vierge à l'Enfant. La version du Louvre, provenant de la collection de François Ier, en est l'un des exemples les plus aboutis. La Vierge, qui représente l'idéal de la beauté féminine selon Raphaël, est entourée de fleurs minutieusement décrites, notamment les violettes, symboles de l'humilité de la Vierge, et les ancolies, symboles de la Passion du Christ. Elle synthétise la « manière suave » du Pérugin, maître de Raphaël, et le sens de la composition monumentale de Léonard de Vinci et de Michel-Ange.

The Virgin is seated on a rocky outcrop in a meadow or a garden blooming with plants and budding flowers. This natural setting gave the work its familiar title *La Belle Jardinière*. Mary is accompanied by the infant Christ and Saint John the Baptist, who kneels before his cousin, his right hand grasping a cross that foretells Christ's sacrifice. The infant Jesus stands at His mother's feet and reaches a hand toward a prayer book, where His destiny is already written. Her eyes downcast, the Virgin holds the child in a reassuring embrace. The figures, united by the interplay of gestures and glances, radiate a serene sense of intimacy that is emphasized by the painting's pyramidal composition.

Raphael (Urbino, 1483–Rome, 1520), who was active in Florence between 1504 and 1508, formulated an idealized archetype of the Virgin and Child. The Louvre's version is from the collection of Francis I and is one of Raphael's most accomplished works. The Virgin embodies the painter's ideal of feminine beauty. She is surrounded by meticulously rendered flowers, including violets, symbolic of the Virgin's humility, and columbines, symbols of Christ's Passion. The painting is a synthesis of the polished mannerism of Perugino, Raphael's teacher, and the monumental compositions of Leonardo da Vinci and Michelangelo.

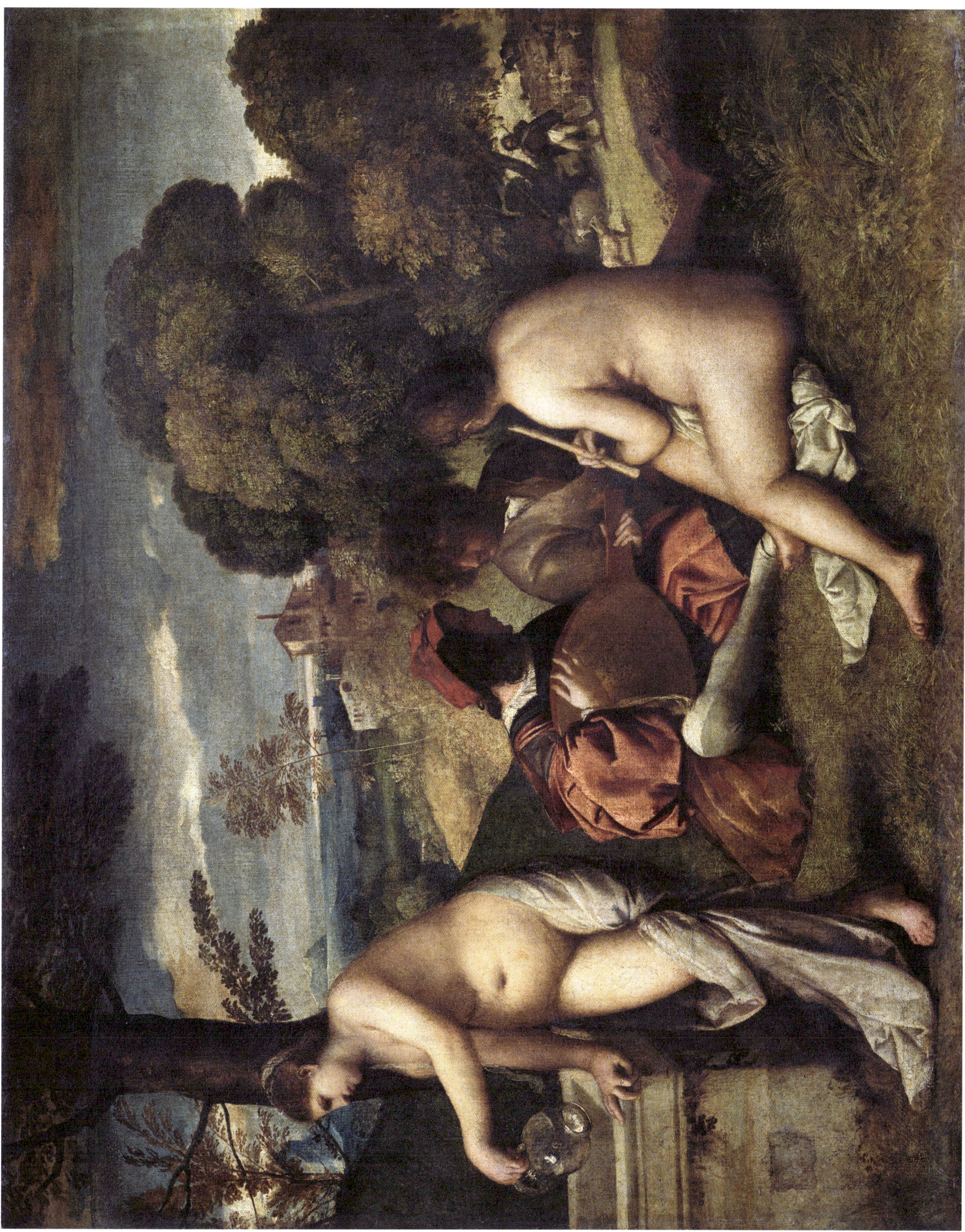

c. 1509

Titien

Le Concert champêtre

huile sur toile
105 × 137 cm
Paris, musée du Louvre,
aile Denon, 1er étage, salle 711

Titian

The Pastoral Concert

oil on canvas
3 ft. 5¼ in. × 4 ft. 6 in. (1.05 × 1.37 m)
Musée du Louvre, Paris
Denon wing, 1st floor, room 711

Le thème du tableau reste mystérieux : s'agirait-il d'une allégorie de la poésie, dont les symboles – la flûte et l'eau versée – sont partagés par deux femmes nues à la beauté idéale ? À Venise, au début du xvie siècle, le goût était répandu de représenter ainsi le visible et l'invisible, ces muses ou nymphes n'étant présentes que dans l'imagination des deux hommes qu'elles inspirent. S'agirait-il plutôt du mythe de l'Arcadie, âge d'or mythique cher aux humanistes de la Renaissance ? On sait que ceux-ci pensaient pouvoir retrouver un peu de ce paradis perdu dans la nature et la vie champêtre. Le jeune homme au luth pourrait alors être l'un d'eux, venu se replonger auprès des bergers aux sources antiques de l'inspiration poétique et musicale. Mais ce que l'on retient de ce tableau est la sensualité de l'atmosphère, les coloris rouges, bruns, jaune doré et verts, de même que l'équilibre parfait entre les personnages et le paysage. Provenant des collections de Louis XIV, cette œuvre est transférée au Louvre en 1792. Elle a longtemps été attribuée à Giorgione, l'un des premiers à avoir donné autant d'importance aux paysages qu'aux personnages. Mais, aujourd'hui, on la considère plutôt comme une œuvre de jeunesse de Titien (Pieve di Cadore, 1488/1490 - Venise, 1576), très marqué par l'influence de son aîné, mort prématurément.

The precise subject of this painting remains a mystery. Perhaps it is an allegory of poetry, whose symbols—the flute and freshly poured water— are offered by two idealized feminine nudes. In early sixteenth-century Venice, there was a widespread taste for combining the material and the spiritual worlds in the same artistic dimension. These muses may exist solely in the imaginations of the two men they inspire. Or perhaps the theme is the mythical Arcadia and legendary Golden Age beloved by Renaissance humanists. These philosophers believed it was possible to recover a sense of this lost paradise by immersion in the natural world and bucolic life. The young man with the lute may be one of these cultivated noblemen, retreating into a pastoral realm with its classical sources of poetic and musical inspiration. In any case, the painting is remarkable for the lush atmospheric setting with its red, brown, gold, and green tonalities, and the faultless equilibrium between the figures and the landscape.

Originally in the collection of Louis XIV, this work was transferred to the Louvre in 1792. It was long attributed to Giorgione, who was one of the first painters to give equal emphasis to landscape and figures. It is now generally considered to be an early work by Titian (Pieve di Cadore, 1488/1490–Venice, 1576), who was profoundly influenced by Giorgione, a Renaissance master who died young.

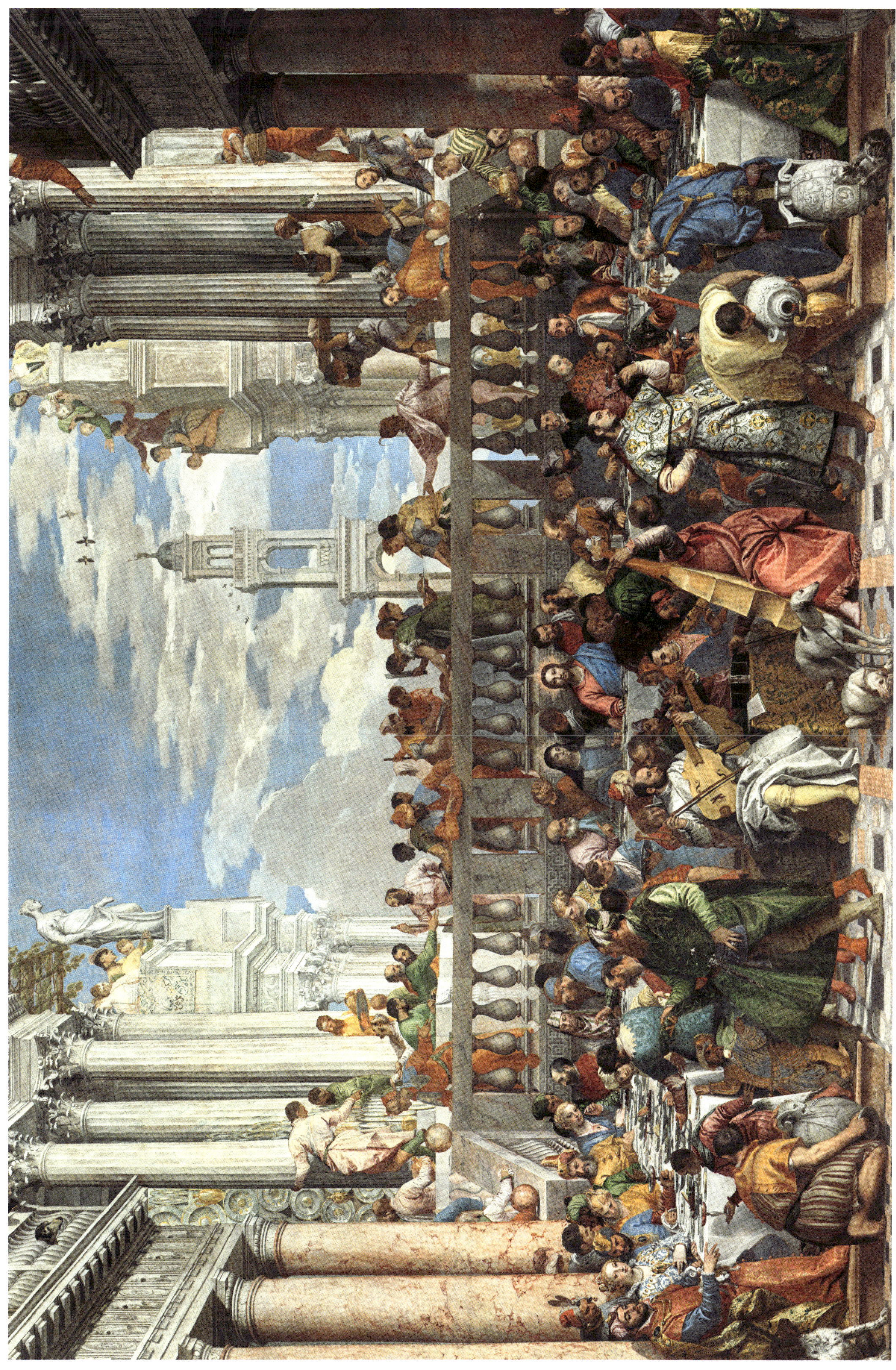

1563

Paul Véronèse

Les Noces de Cana

huile sur toile
677 × 994 cm
Paris, musée du Louvre,
aile Denon, 1ᵉʳ étage, salle 711

Paolo Veronese

The Wedding Feast at Cana

oil on canvas
22 ft. 3 in. × 32 ft. 7 in. (6.77 × 9.94 m)
Musée du Louvre, Paris
Denon wing, 1st floor, room 711

Au cours d'un festin de noces à Cana, en Galilée, le vin vient à manquer pour finir le repas. Jésus ordonne aux serviteurs de remplir six jarres d'eau, puis de servir le maître du repas qui constate alors que l'eau s'est changée en vin. C'est le premier miracle accompli par Jésus-Christ. L'artiste transpose ici un épisode de la vie du Christ dans le cadre fastueux d'une noce vénitienne de la Renaissance : les magnifiques costumes des personnages, l'utilisation de vaisselle précieuse, la présence de nombreux serviteurs et de musiciens témoignent de l'importance de l'événement. La simplicité des costumes du Christ et de la Vierge contraste fortement avec la richesse des tenues des autres convives. De nombreux symboles comme le découpage d'un agneau et une carafe de vin au-dessus de Jésus, les fleurs blanches jetées par une invitée en haut à droite du tableau évoquent la future Passion du Christ et l'Eucharistie.

Paul Véronèse (Vérone, 1528 - Venise, 1588) réalise cette toile en 1563 pour orner le réfectoire du couvent bénédictin de San Giorgio Maggiore à Venise, construit par Palladio. Il dispose cent trente convives sur une toile de 66 m², ce qui en fait le plus grand tableau du Louvre. L'artiste avait reçu ordre d'utiliser les matières les plus précieuses pour sa peinture : lapis-lazuli pour les bleus, jaune de plomb et réalgar pour les jaunes, laque rouge et vert-de-gris. Sous l'effet de la lumière, les couleurs deviennent plus vives, les ombres plus transparentes.

During a wedding banquet at Cana in Galilee, the wine runs out before the end of the meal. Jesus commands the servants to fill six jars with water, then to serve the master of the feast, who realizes that the water has been transformed into wine. It was Jesus's first miracle. In this work, the artist transposes this episode from Christ's life to the sumptuous setting of a Venetian Renaissance wedding celebration. The guests are arrayed in magnificent garments, the serving dishes are made of precious materials, and the innumerable servants and musicians testify to the significance of the occasion. The simple robes worn by Christ and the Virgin are in marked contrast to the splendid attire of the other guests. Numerous symbols evoke Christ's Passion and the celebration of the Eucharist, including the lamb being carved and the carafe of wine depicted above the figure of Jesus, and the white flowers tossed by a guest in the upper right-hand corner of the painting.

Paolo Veronese (Verona, 1528–Venice, 1588) painted this work in 1563 for the refectory of the Benedictine convent of San Giorgio Maggiore in Venice, which was built by Palladio. He packed 130 figures into the 700-square foot (66 m²) canvas; it is the largest painting in the Louvre. The artist's commission specified the most costly materials for the work: lapis lazuli for the blues, chrome yellow and ruby sulfur for the yellows, red lacquer for the reds, and verdigris for the greens. Skillful lighting effects enliven the colors and lend a sense of transparency to the shadows.

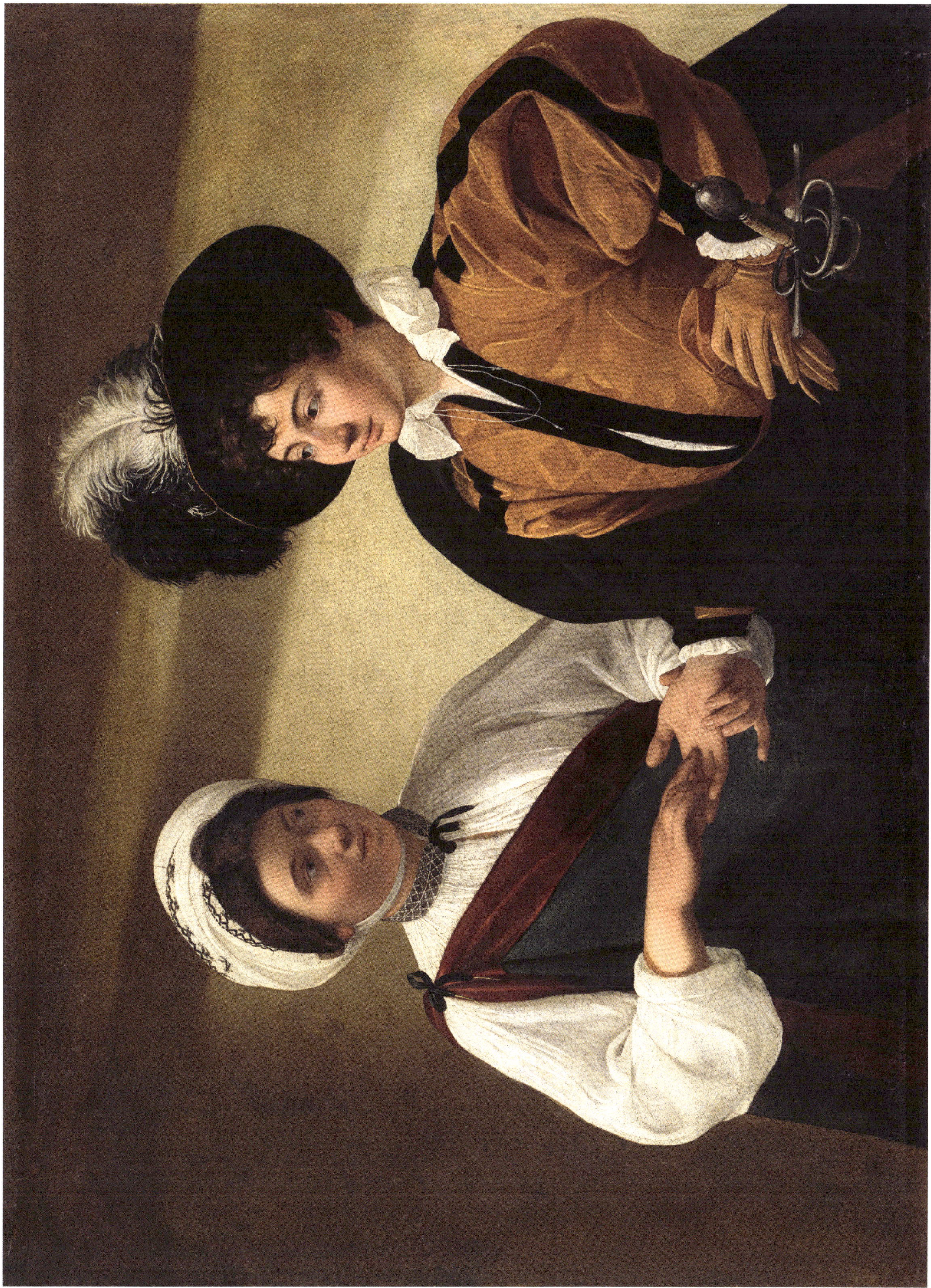

1596-1597

Le Caravage
La Diseuse de bonne aventure

huile sur toile
99 cm × 131 cm
Paris, musée du Louvre,
aile Denon, 1ᵉʳ étage, salle 712

Un jeune homme, vêtu élégamment, tend la main à une bohémienne. Nonchalant, il regarde la jolie jeune fille sans se douter que, subrepticement, elle fait glisser l'anneau qu'il porte au doigt. L'homme qui a eu la vanité de vouloir connaître son destin s'est laissé séduire par le visage trompeur. Le cadrage du tableau présente les personnages à mi-corps sur un fond neutre, sans éléments de décor. En revanche, leurs vêtements et accessoires sont traités avec raffinement. La source lumineuse, non visible, éclaire la scène de gauche à droite, modelant subtilement les formes et jouant avec des couleurs raffinées. Ces éléments de composition sont tout à fait caractéristiques de l'œuvre du peintre. Le Caravage (Milan, 1571-Porto Ercole, 1610) est à l'origine d'une véritable révolution dans le domaine de la peinture. Il impose de nouvelles conceptions picturales qui rompent avec l'expression précieuse mais affaiblie du maniérisme finissant. Son style introduit une vision plus réaliste des personnages et des objets, modelés par de violents contrastes d'ombre et de lumière. Ses conceptions picturales et son répertoire iconographique auront un immense succès au début du XVIIᵉ siècle en Europe.

Ayant appartenu au cardinal Del Monte, ce tableau entre en 1665 dans la collection de Louis XIV grâce au don du prince Camillo Francesco Maria Pamphilj.

Caravaggio
The Fortune Teller

oil on canvas
3 ft. 3 in. × 4 ft. 3½ in. (99 × 131 cm)
Musée du Louvre, Paris
Denon wing, 1st floor, room 712

A stylishly garbed young man proffers his palm to a gypsy. Foolish and distracted, he gazes admiringly at the alluring young woman, unaware that she is surreptitiously sliding the ring from his finger. The youth is vain enough to want to see what destiny has in store for him, and is duped by the pretty face of his deceiver. The figures are shown at half length, posed against a neutral background that is devoid of extraneous decorative elements. In contrast, the clothing and accessories are depicted in elaborate detail. The lighting source is not visible, but the scene is illuminated from left to right, modeling the forms and playing over the subtle colors of the palette. These compositional elements are typical of the painter's work.

Caravaggio (Milan, 1571–Porto Ercole, 1610) was the founding figure of an artistic revolution. He introduced innovative pictorial conceptions that broke with the elegant but bloodless style of late mannerism. His approach introduced a more realistic vision of figures and objects, modeled by bold contrasts of light and shadow. Caravaggio's pictorial devices and iconographic repertoire were highly successful in early seventeenth-century Europe.

This picture once belonged to Cardinal del Monte and entered the collection of Louis XIV in 1665, a gift from Prince Camillo Francesco Maria Pamphilj.

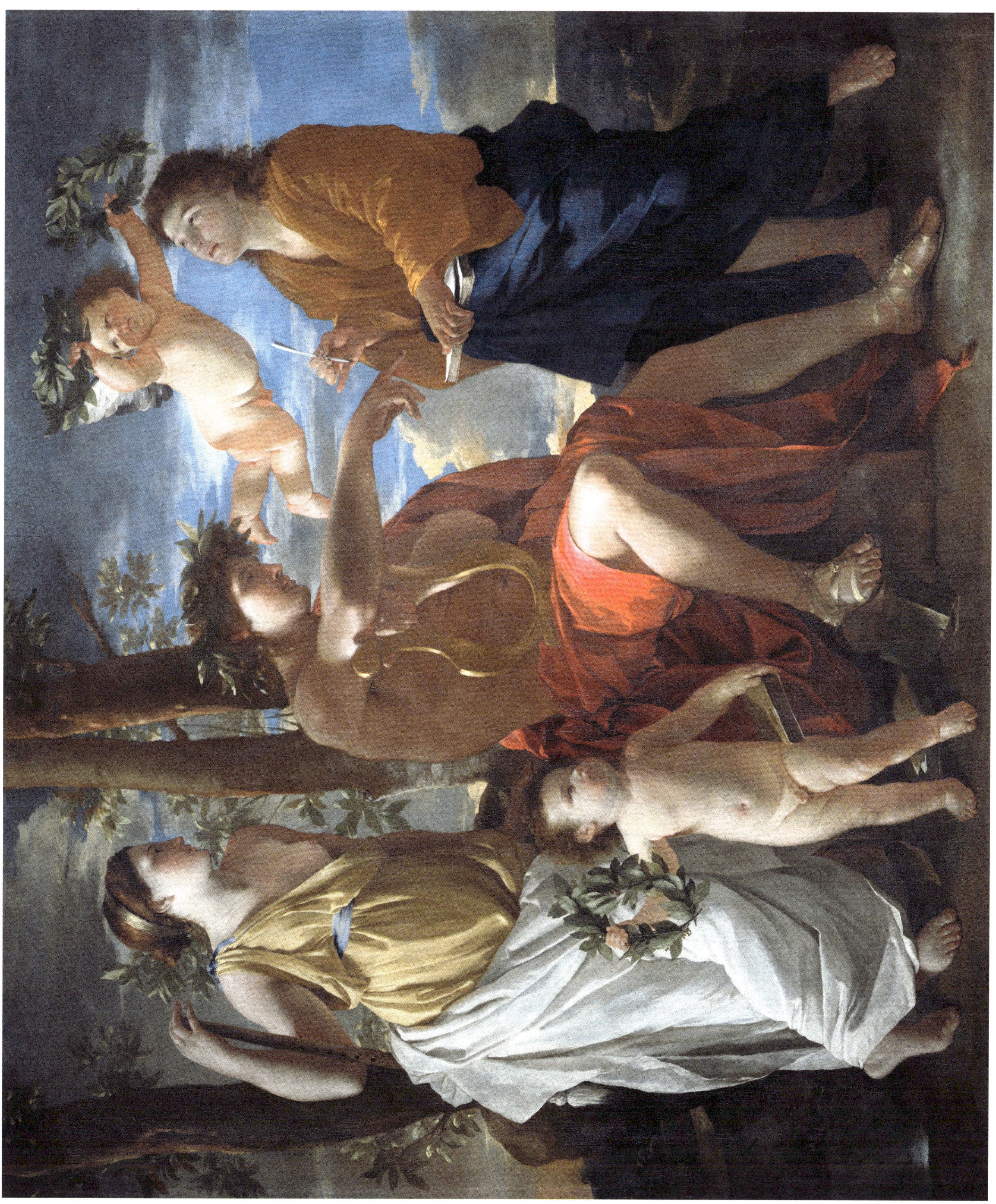

c. 1630

Nicolas Poussin

L'Inspiration du poète

huile sur toile
183 × 213 cm
Paris, musée du Louvre,
aile Richelieu, 2ᵉ étage, salle 826

Nicolas Poussin

The Inspiration of the Poet

oil on canvas
6 × 7 ft. (1.83 × 2.13 m)
Musée du Louvre, Paris
Richelieu wing, 2nd floor, room 826

Au centre de la toile se tient Apollon, dieu de la lumière, de la poésie et de la musique. On le reconnaît ici à sa lyre, l'instrument de musique par excellence du poète grec. À gauche se tient la muse Calliope, protectrice de l'éloquence et de la poésie épique. À droite, le poète, peut-être l'auteur latin Virgile, écrit sous l'inspiration du dieu protecteur des arts. Sur le sol, sont posés deux textes fondateurs de la littérature antique, l'*Iliade* et l'*Odyssée* du Grec Homère et l'*Énéide* du Latin Virgile. Le sens de ce tableau reste mystérieux : s'agit-il d'une vision idyllique du statut de l'artiste ? D'une tentative de mettre sur un pied d'égalité la poésie et la peinture ? Tous les éléments sont empruntés à l'Antiquité. La lumière dorée du soleil couchant qui caresse les corps déliés des personnages et la palette de couleurs à dominante chaude qu'utilise le peintre dénotent l'influence de Titien.

Artiste lettré ayant passé l'essentiel de sa carrière en Italie, très apprécié des amateurs d'art français, Nicolas Poussin (Les Andelys, 1594-Rome, 1665) aborde plusieurs types de sujets dans sa peinture : religion, histoire antique, mythologie. Son œuvre est l'une des plus belles expressions du classicisme français. Cette toile fit partie de la collection du cardinal Mazarin, léguée à Louis XIV.

Apollo, the god of light, poetry, and music, dominates the center of this composition. He is identified by his lyre, the musical instrument par excellence of the classical Greek poet. The muse Calliope stands on the left; she is the spirit of eloquence and epic poetry. On the right, a poet (perhaps the Roman author Virgil) writes on a tablet, inspired by the patron deity of the arts. On the ground, at the god's feet, lie the founding texts of classical literature: the *Iliad* and the *Odyssey* by the Greek poet Homer, and the *Aeneid* by the Roman author Virgil. The precise meaning of this painting remains a mystery. Perhaps it is an idyllic evocation of artistic inspiration, or an attempt to depict the arts of poetry and painting on an equally prestigious footing. All the pictorial details are drawn from classical sources. The golden light of the setting sun illuminates the forms, and the painter's use of predominantly warm hues indicates Titian's influence.

Nicolas Poussin (Les Andelys, 1594–Rome, 1665) was a highly cultured artist who spent most of his life in Italy and was much admired by French connoisseurs. His works frequently depict subjects drawn from religion, ancient history, and mythology. His oeuvre is among the finest expressions of French classicism. This canvas was originally in the collection of Cardinal Mazarin and was bequeathed to Louis XIV.

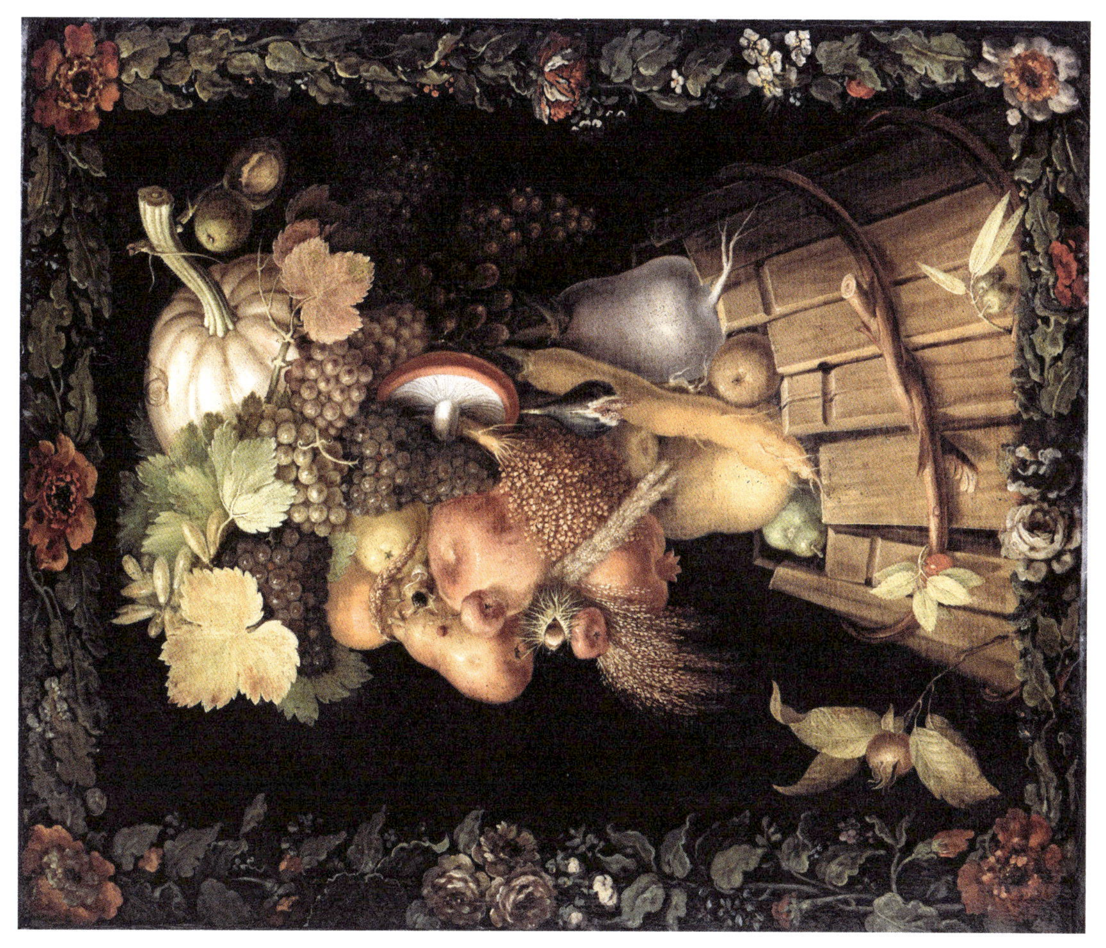

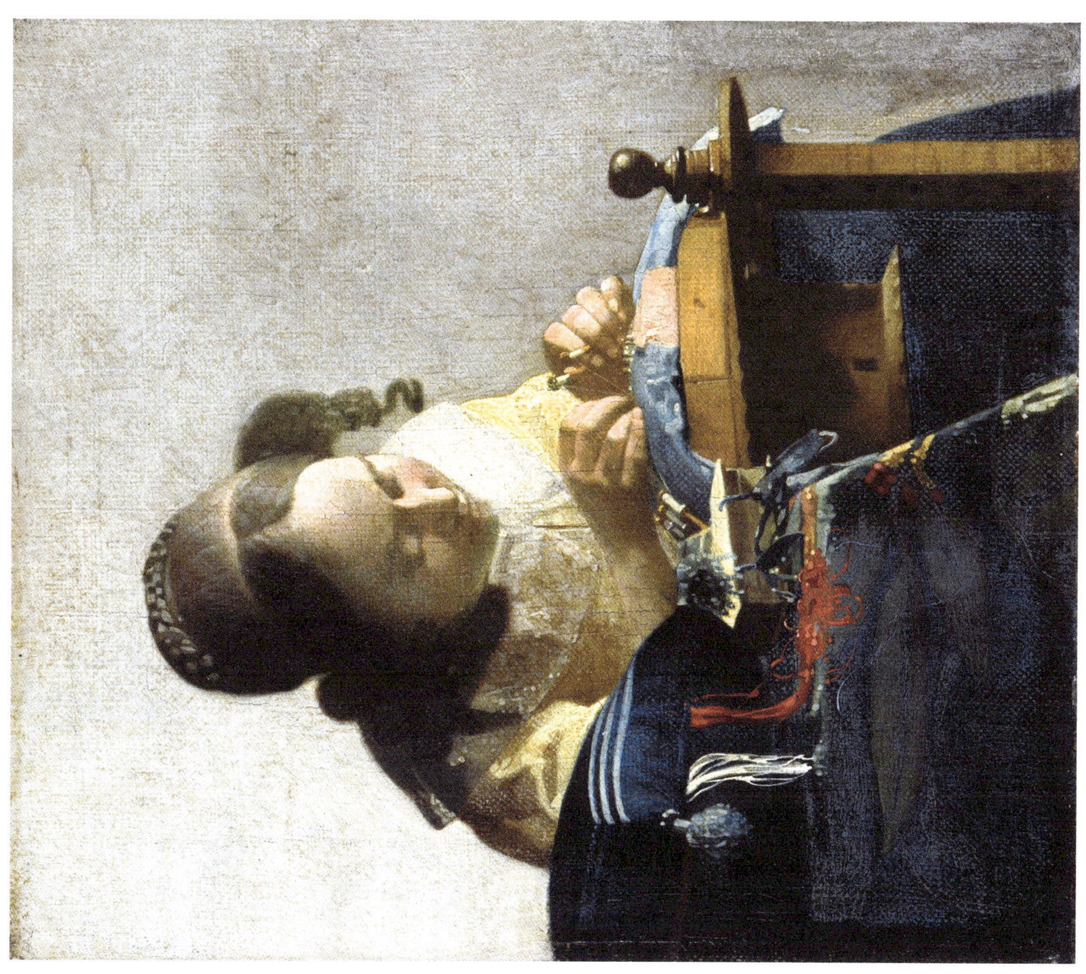

1573

Giuseppe Arcimboldo

L'Automne

huile sur toile
77 × 63 cm
Paris, musée du Louvre,
aile Denon, 1ᵉʳ étage, salle 712

Giuseppe Arcimboldo

Autumn

oil on canvas
30¼ × 24¾ in. (77 × 63 cm)
Musée du Louvre, Paris
Denon wing, 1st floor, room 712

Le thème des quatre saisons est souvent représenté par les artistes à l'aide d'allégories. Les figures arborent les attributs de la saison qu'elles symbolisent : les fleurs pour le Printemps, les blés mûrs pour l'Été, les raisins pour l'Automne, la nature au repos pour l'Hiver. Giuseppe Arcimboldo (Milan, 1527 - Milan, 1593) pousse la métamorphose en composant entièrement le visage avec des éléments issus de la nature. Ainsi l'Automne, un homme d'âge mûr, arbore-t-il un faciès fait de l'accumulation de poires, de pommes, de raisins, de châtaignes et de champignons, fruits de saison aux coloris automnaux.

D'origine milanaise, ce peintre original travailla vingt-cinq ans au service de la cour impériale de Vienne : cette étrange série lui fut d'ailleurs commandée en 1573 par Maximilien II de Habsbourg.

The theme of the four seasons has frequently been conveyed by artists through allegory. The figures are fashioned from the attributes of the seasons that they represent: flowers for spring, ripened wheat sheaves for summer, grapes for autumn, and nature in repose for winter. Giuseppe Arcimboldo (Milan, 1527–Milan, 1593) pushed this metamorphic imagery to the limit, shaping every detail of his faces from natural elements. Fall is depicted here as a man of ripe age, his features composed of an elaborate arrangement of pears, apples, grapes, chestnuts, and mushrooms—all seasonal produce with a distinctive autumnal palette.

This highly original Milanese artist worked for twenty-five years in Vienna, serving the imperial court. The singular series of paintings which includes this work was commissioned by the Hapsburg emperor Maximilian II in 1573.

1669-1670

Johannes Vermeer

La Dentellière

huile sur toile
24 × 21 cm
Paris, musée du Louvre,
aile Richelieu, 2ᵉ étage, salle 837

Johannes Vermeer

The Lacemaker

oil on canvas
9½ × 8¼ in. (24 × 21 cm)
Musée du Louvre, Paris
Richelieu wing, 2nd floor, room 837

La dentellière incarne les vertus domestiques féminines ; le livre placé au premier plan, vraisemblablement une Bible, renforce l'interprétation morale et religieuse qu'on peut faire du tableau. La taille réduite de celui-ci, le plus petit du peintre, renforce encore le sentiment d'intimité produit par le cadrage serré, centré sur le personnage et son ouvrage rendu avec une minutie peu commune. Johannes Vermeer (Delft, 1632 - Delft, 1675) concentre l'attention du spectateur sur les gestes de la dentellière, qui sont traités avec une grande précision.

Le peintre s'inscrit dans la tradition intimiste de la peinture de genre hollandaise. On pense qu'il utilisait des instruments d'optique pour construire ses tableaux d'une manière quasi photographique.

Sa rigueur et sa poésie font de lui l'un des plus grands peintres du XVIIᵉ siècle.

The lacemaker embodies feminine domestic virtue. The book in the foreground is probably a Bible, reinforcing the moral and religious implications associated with this painting. This is Vermeer's smallest surviving canvas, and its diminutive size enhances the sense of intimacy. The tightly compressed composition focuses the viewer's attention on the woman and her work, which is rendered with extraordinary care. Johannes Vermeer (Delft, 1632–Delft, 1675) directs the viewer's eye to the lacemaker's hands, which are depicted in minute detail.

Vermeer is a major exponent of the tradition of Dutch genre painting. It is thought that he utilized optical devices to give his canvases an almost photographic sense of realism. His artistic rigor and poetic sensibility distinguish him as one of the greatest painters of the seventeenth century.

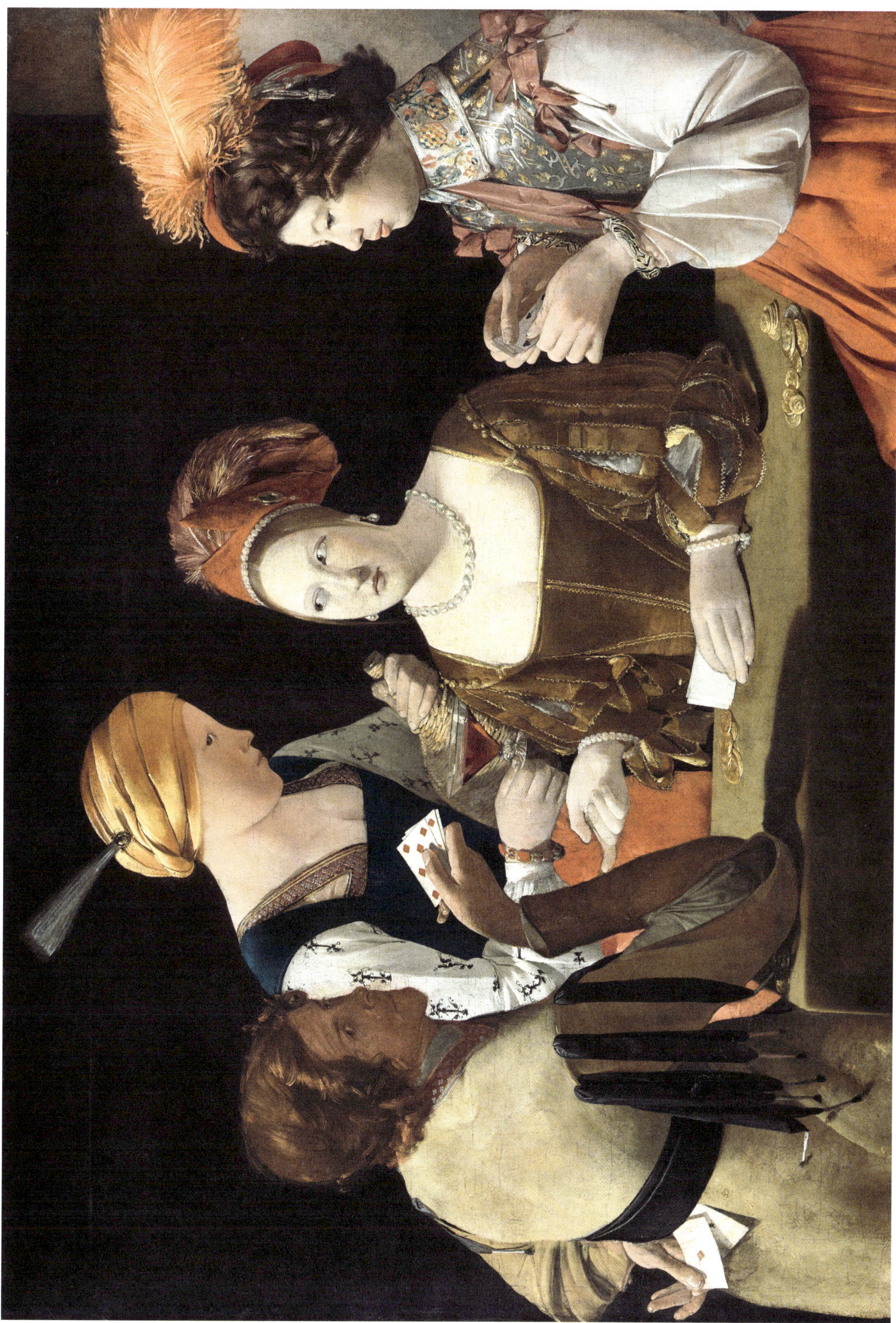

1636-1638

Georges de La Tour

Le Tricheur à l'as de carreau

huile sur toile
106 × 146 cm
Paris, musée du Louvre,
aile Sully, 2ᵉ étage, salle 912

Le jeune homme à l'air naïf, à droite, risque bien de se faire voler les pièces d'or posées devant lui. En effet, le personnage de gauche s'apprête à tricher, en tirant un as de carreau dissimulé dans sa ceinture. La femme assise au centre, sans doute une courtisane, est sa complice – on le devine à son regard en coin et à sa main tendue pour recevoir l'as –, tout comme la servante, qui tient un verre de vin destiné à endormir la vigilance de leur victime. Au-delà d'un épisode amusant, ce tableau met en garde contre les dangers que court la jeunesse : le jeu, la séduction, le vin.

Durant la première moitié du xviiᵉ siècle, le thème des joueurs a été très à la mode chez les peintres, influencés par l'Italien le Caravage. George de La Tour (Vic-sur-Seille, 1593 - Lunéville, 1652) reste un artiste mystérieux. On ne sait rien de sa formation, mais son œuvre laisse imaginer un voyage en Italie entre 1610 et 1616. En revanche, il est certain qu'il a dû rencontrer des artistes caravagesques. En témoignent l'éclat des couleurs et la pâleur des visages, renforcés par le fond sombre et par la lumière du jour venant de la gauche.

Le Tricheur est l'une des œuvres les plus célèbres du Louvre pour sa perfection formelle. Au début du xxᵉ siècle, son atmosphère insolite a fasciné les surréalistes, tandis que la géométrisation des formes et la simplification des volumes ont impressionné les cubistes.

Georges de La Tour

*The Cheat with
the Ace of Diamonds*

oil on canvas
3 ft. 6 in. × 4 ft. 9½ in. (1.06 × 1.46 m)
Musée du Louvre, Paris
Sully wing, 2nd floor, room 912

An unsuspecting young man on the right is about to be robbed of the gold coins carefully arranged in front of him. The figure on the left is preparing to cheat his opponent, pulling out an ace of diamonds that has been hidden in his belt. The woman seated in the center—most likely a courtesan—is his accomplice. Her connivance is revealed by her sidelong glance as her hand reaches out to receive the ace from her companion. The servant is also in on the plot; she holds a goblet of wine that will undermine their victim's vigilance. The painting depicts more than an entertaining episode; it warns of the perils lying in wait for a naive youth—gambling, seduction, and drunkenness.

The theme of gamblers was popular among painters of the first half of the seventeenth century, many of whom were influenced by the Italian artist Caravaggio. Little is recorded of the life of Georges de La Tour (Vic-sur-Seille, 1593–Lunéville, 1652). It is not known how he was trained, but his work suggests that he may have traveled in Italy between 1610 and 1616. It is clear that he encountered artists of Caravaggio's school during this period. The Italian artist's influence is evident in the painting's brilliant palette and pale skin tones. The interplay of colors is accentuated by the dark background and the light streaming from the left.

Its formal perfection has made *The Cheat* one of the best-known works in the Louvre's collection. Its mysterious atmosphere intrigued early twentieth-century surrealists, while cubists were equally fascinated by its geometrical forms and simplified volumes.

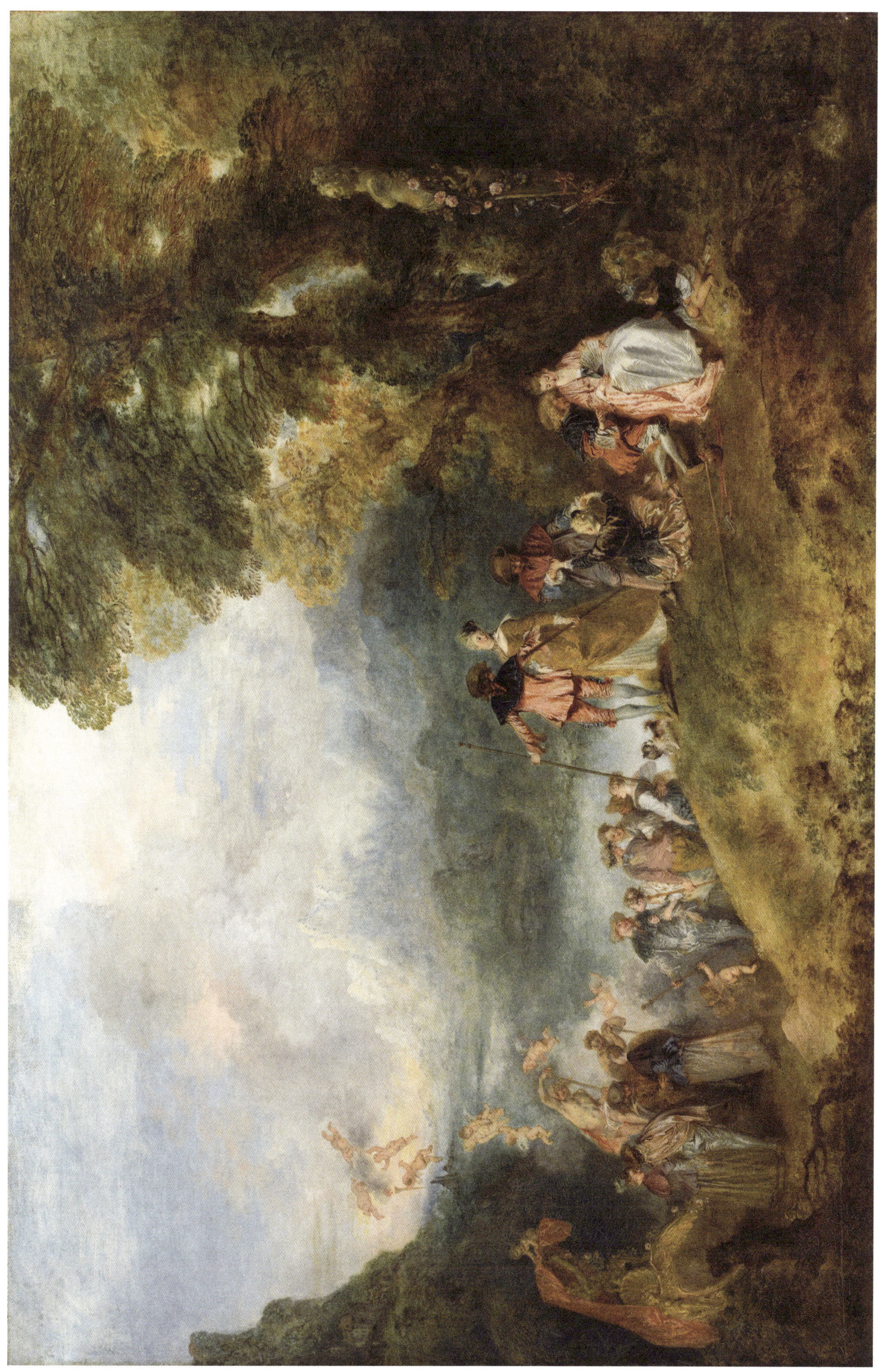

1717

Jean Antoine Watteau

*Pèlerinage à l'île de Cythère
ou L'Embarquement
pour Cythère*

huile sur toile
129 × 194 cm
Paris, musée du Louvre,
aile Sully, 2ᵉ étage, salle 917

Des couples disposés en ligne sinueuse se dirigent vers une nacelle en contrebas. Abritée par des bosquets touffus, une statue de Vénus se dresse, témoin des plaisirs dont elle est la figure divinisée. Le carquois et l'arc, attributs de la déesse, sont accrochés au pied de la statue. De petits angelots volettent dans le ciel. L'un d'eux tient le flambeau symbole de l'Amour.

Jean Antoine Watteau (Valenciennes, 1684-Nogent-sur-Marne, 1721) présente ce tableau, qui invente le genre de la « fête galante », comme morceau de réception à l'Académie royale de peinture en 1717. Il met en scène des amants quittant les plaisirs de l'île grecque de Cythère, qui aurait accueilli la déesse Aphrodite, et passe dans la littérature pour le pays idyllique de l'amour et du plaisir. Le peintre ne cherche pas à raconter une histoire mais plutôt à suggérer poétiquement des transports amoureux dans une construction très rythmée mise en valeur par une touche vibrante et un coloris charmant. Un paysage de rêve sert de décor à la guirlande des personnages, renforçant l'univers poétique de cette œuvre.

Watteau, l'un des plus talentueux représentants de la peinture française du XVIIIᵉ siècle, est particulièrement recherché pour ses scènes de théâtre et ses fêtes galantes dont le style aimable marque une rupture avec l'académisme du XVIIᵉ siècle. Ses contemporains apprécient sa peinture claire et lumineuse, reflet d'un nouvel art de vivre moins austère et de l'aspiration au bonheur qui caractérise le XVIIIᵉ siècle.

Jean Antoine Watteau

Pilgrimage to Cythera

oil on canvas
4 ft. 3 in. × 6 ft. 4½ in. (1.29 × 1.94 m)
Musée du Louvre, Paris
Sully wing, 2nd floor, room 917

Couples arranged in a sinuous line make their way toward a gold-prowed boat moored below. A bust of the goddess Venus stands on the right, shaded by a dense grove of trees, and presides over these amorous pleasures. The deity's attributes—a quiver and bow—are placed at the base of the statue. Little cupids throng the sky, one grasping a torch that symbolizes passionate love.

Jean Antoine Watteau (Valenciennes, 1684–Nogent-sur Marne, 1721) submitted this painting as a diploma piece to qualify as a member of the Académie Royale de Peinture in 1717. The work inaugurated the genre known as the "fête galante." The painting shows lovers embarking for Aphrodite's isle of Cythera, famed for its romantic haunts; the island is renowned in literature as an idyllic retreat for love and delight. The artist is not endeavoring to tell a specific story here. Instead, he poetically evokes the joys of love in a rhythmic composition of vibrant brushstrokes and charming colors. The figures are arrayed like a garland set in a dreamlike landscape of lyrical beauty.

Watteau, one of the most talented representatives of eighteenth-century French painting, is particularly admired for his theatrical scenes and his fêtes galantes, whose pleasing style broke with the academic conventions of the preceding century. His contemporaries admired the clarity and luminosity of his work. Watteau's paintings reflect the eighteenth century's philosophical aspirations to happiness and a new, less austere way of life.

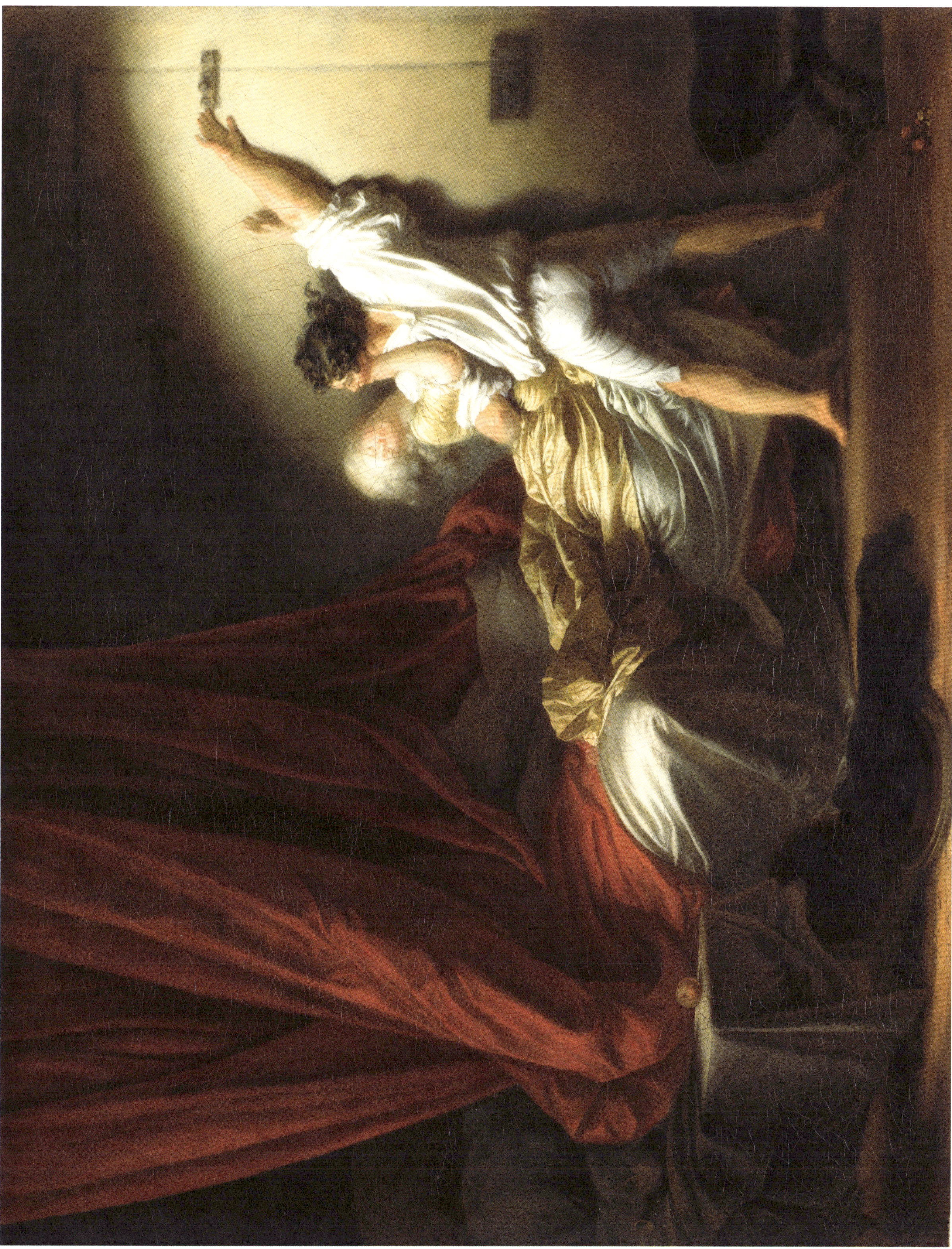

1774–1778

Jean Honoré Fragonard
Le Verrou

huile sur toile
74 × 94 cm
Paris, musée du Louvre,
aile Sully, 2ᵉ étage, salle 929

Jean Honoré Fragonard
The Bolt

oil on canvas
2 ft. 5¼ in. × 3 ft. 1 in. (74 × 94 cm)
Musée du Louvre, Paris
Sully wing, 2nd floor, room 929

Le Verrou illustre bien le goût du XVIIIᵉ siècle pour les petits tableaux de cabinet, à sujet léger et sensuel, mais aussi pour une peinture à caractère moral. Ici, le péché est évoqué par la pomme posée sur la table ; elle est le fruit défendu qu'Adam a croqué sur les conseils d'Ève, déclenchant la colère de Dieu. Depuis, ce péché originel a fermé les portes du paradis au genre humain. Le désordre de la chambre et le fait que l'homme est partiellement déshabillé confirment que l'irrémédiable va bientôt s'accomplir. Le lit, qui occupe la moitié gauche de la composition, est l'acteur principal. Le plissé des draperies prend explicitement des formes féminines. La toile est saturée de symboles sexuels : les roses évoquent le sexe féminin et la défloration, le verrou fait référence au sexe masculin. La cruche renversée annonce qu'une menace pèse sur la virginité de la jeune fille aux joues rosissantes. La scène est prétexte à un exercice de virtuosité : la violence du désir est exprimée par la plasticité de l'homme, par l'abandon langoureux de la femme, et par l'exubérance des draperies qui tapissent un nid aux promesses de volupté, scintillant dans la lumière dorée.

Les scènes libertines de Jean Honoré Fragonard (Grasse, 1732 - Paris, 1806) étaient alors très recherchées des amateurs. Sensibles, enjouées et pleines d'esprit, elles révèlent, au même titre que ses portraits, la virtuosité de sa technique.

The Bolt exemplifies the eighteenth century's vogue for small paintings on an intimate scale, which typically featured lighthearted, sensual subjects, and for works conveying a moralizing sentiment. Here, the apple on the table evokes original sin and the forbidden fruit that Adam ate when he was tempted by Eve. He thus unleashed God's wrath, and his wicked deed has barred the gates of paradise to humankind ever since. The disorderly bedroom and the male figure's partial undress indicate that an unspeakable act is imminent. Dominating the left half of the composition, the bed is the central figure of the work; the folds of the drapery explicitly refer to the naked female form. Sexual symbolism pervades the canvas. Roses tossed on the floor suggest the feminine sex and hint at the act of defloration. The lock's bolt is a reference to masculine lust. The overturned pitcher warns of the danger to this rosy-cheeked young girl's virginity. The scene is a pretext for a display of painterly virtuosity: the violence of sexual desire is expressed by the man's muscularity and the woman's languorous abandon. The exuberant draperies, suffused with golden light, enclose a secluded retreat that promises sensual indulgence.

Jean Honoré Fragonard (Grasse, 1732–Paris, 1806) painted erotic subjects that were highly sought after by collectors. Along with his portraits, these emotive, playful, and witty works demonstrate the artist's virtuosic technique.

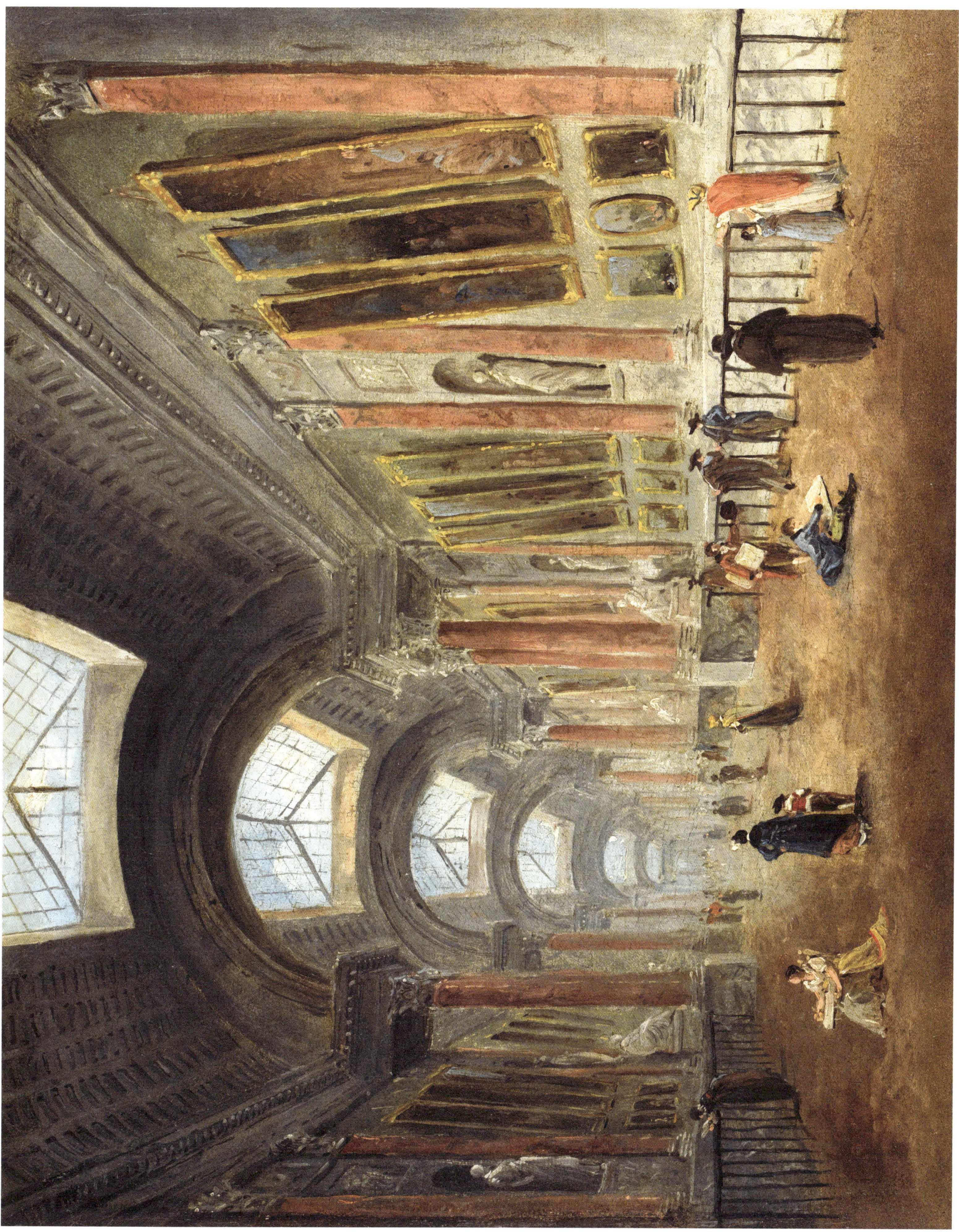

1796

Hubert Robert

Projet d'aménagement de la Grande Galerie du Louvre

huile sur toile
115 × 145 cm
Paris, musée du Louvre,
aile Sully, 1ᵉʳ étage, salle 600

Hubert Robert

Development Project of the Grande Galerie du Louvre

oil on canvas
3 ft. 9½ in. × 4 ft. 9 in. (1.15 × 1.45 m)
Musée du Louvre, Paris
Sully wing, 1st floor, room 600

En 1793, le Museum central des Arts de la République ouvre au public. Dès 1778, Hubert Robert (Paris, 1733 - Paris, 1808) est un des acteurs clés de l'aménagement du musée pour que le public vienne y admirer les collections réunies au cours des siècles par les rois de France. Il doit s'installer dans la Galerie du bord de l'eau, dite « Grande Galerie », un corridor long de 450 mètres édifié entre 1595 et 1610 le long de la Seine pour relier les appartements du roi au Louvre avec le château des Tuileries. Le bâtiment est alors très dégradé, il faut donc consolider et aménager cet espace. Le *Projet d'aménagement* montre qu'Hubert Robert souhaite que la galerie soit éclairée zénithalement, par des verrières au plafond, pour gagner de la surface d'exposition sur les murs et éviter les faux jours et les reflets de la lumière sur les tableaux. Il divise l'espace en compartiments par des groupes de colonnes et range les œuvres par écoles et par périodes. Il cherche à convaincre que ses choix sont les meilleurs, tout en démontrant ses qualités de peintre. Cette « fantaisie » témoigne de la sensibilité d'un homme dont le monde a été profondément bouleversé par la Révolution. Ses propositions seront réalisées au XIXᵉ siècle, et l'actuelle Grande Galerie lui doit beaucoup.

In 1793, the Museum Central des Arts de la République was opened to the public. Since 1778, Hubert Robert (Paris, 1733–Paris, 1808) had been a key figure in planning and designing the museum to allow the populace to view collections amassed over the centuries by the kings of France. Robert was responsible for the museum's installation in the large gallery along the riverbank. Known as the "Grande Galerie," this corridor stretching almost 500 yards (450 m) was built along the Seine between 1595 and 1610 to connect the king's apartments in the Louvre to the Château des Tuileries. The building had deteriorated, and plans were drawn up for the space to be remodeled and refurbished.

The *Development Project* shows Robert's design concept for the gallery. It is illuminated from above to gain additional exhibition space on the walls and prevent glare and reflections on the paintings. He segmented the space into bays, using groups of columns to delineate these areas, and arranged the works by schools and periods. This painting was intended to convince the public of the merits of his design, while also demonstrating his own artistic abilities. This visionary depiction reveals the mindset of a man whose worldview had been upended by the Revolution. His plans would become a reality in the nineteenth century, and the current Grande Galerie owes a great deal to his ideas.

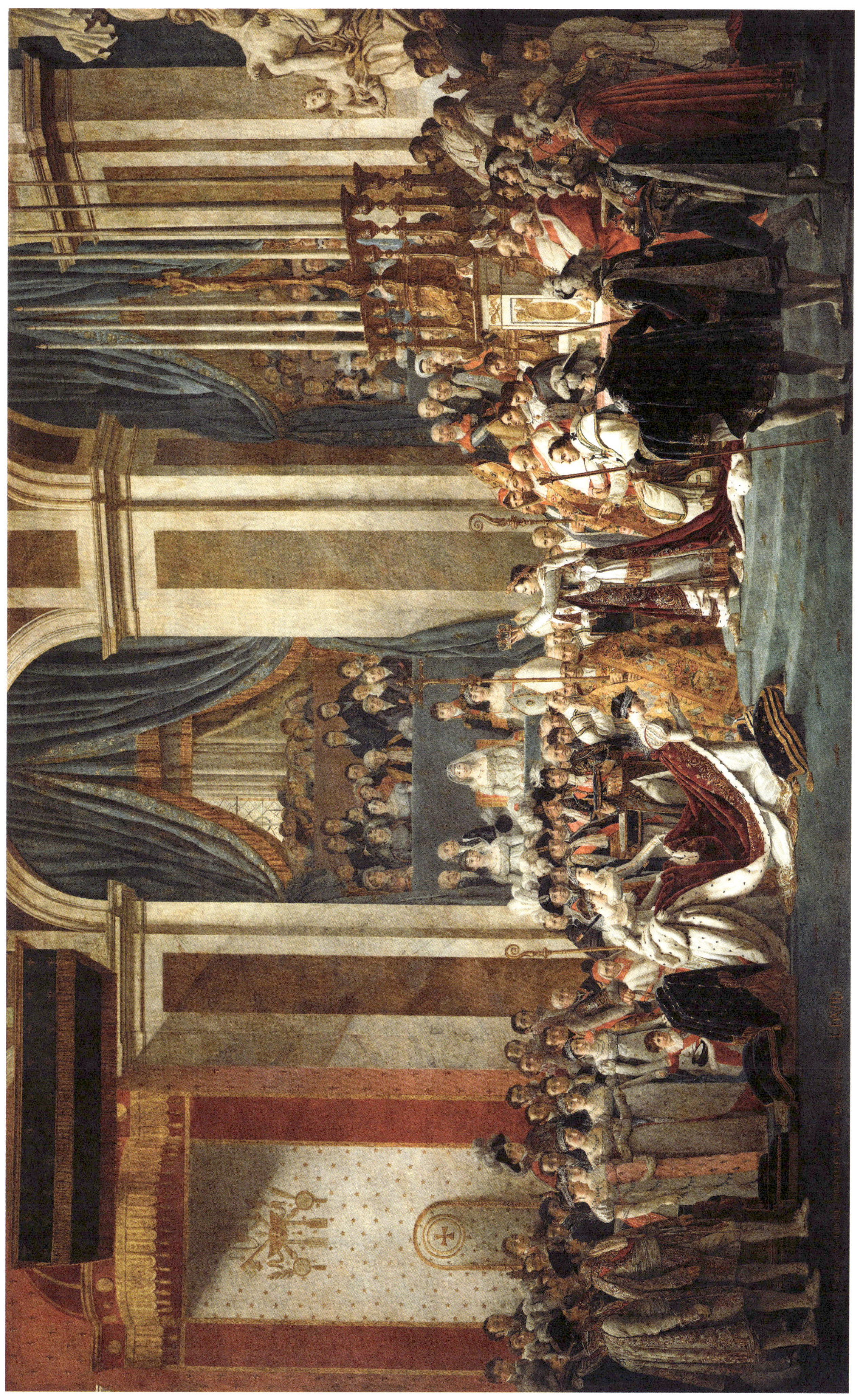

1806–1807

Jacques Louis David

*Sacre de l'empereur Napoléon Ier
et couronnement
de l'impératrice Joséphine
dans la cathédrale Notre-Dame
de Paris, le 2 décembre 1804*

huile sur toile
621 × 979 cm
Paris, musée du Louvre,
aile Denon, 1er étage, salle 702

Cette immense scène représente un épisode du sacre de Napoléon Bonaparte, le 2 décembre 1804, dans la cathédrale Notre-Dame de Paris. Coiffé d'une couronne de laurier en or, comme les empereurs romains, Napoléon s'apprête à poser sur la tête de son épouse Joséphine la couronne impériale. Le pape Pie VII, à droite, esquisse un geste de bénédiction. Jacques Louis David (Paris, 1748 - Bruxelles, 1825) qui assista à la cérémonie, pendant laquelle il put dessiner plusieurs groupes de personnages, s'est lui-même représenté dans la tribune centrale, à gauche. David s'inspire du *Couronnement de Marie de Médicis* du peintre flamand Pierre Paul Rubens pour représenter en une longue frise les personnages répartis par fonctions : le clergé, les cardinaux, les ambassadeurs, les maréchaux, les membres de la famille Bonaparte, tout en maintenant une harmonie d'ensemble. On reconnaît les sœurs de Napoléon, vêtues de blanc, et ses frères coiffés « à la Henri IV » ; les dames d'honneur de Joséphine portent la traîne du manteau de velours rouge doublé d'hermine et semé d'abeilles symbolisant l'Empire. Ce reportage représentant près de deux cents figures, dont plus de cent sont des portraits réalisés en atelier, demanda à David et à son élève Georges Rouget un travail de trois années. Afin d'assurer sa légitimité, Napoléon exigea que sa mère, Maria Letizia Bonaparte, née Ramolino, hostile au couronnement et qui avait choisi de ne pas assister à la cérémonie, fût présente dans le tableau, à la tribune d'honneur. Napoléon dira : « quelle vérité ! ce n'est pas une peinture, on marche dans ce tableau ».

Jacques Louis David

*The Consecration
of the Emperor Napoleon
and the Coronation
of Empress Josephine
on December 2, 1804*

oil on canvas
20 ft. 4 in. × 32 ft. 1 in. (6.21 × 9.79 m)
Musée du Louvre, Paris
Denon wing, 1st floor, room 702

This vast canvas depicts a pivotal moment during the coronation of Napoleon Bonaparte on December 2, 1804, in the cathedral of Notre-Dame de Paris. Crowned—like the Roman emperors—with a diadem of golden laurel leaves, Napoleon is about to place the imperial crown on the head of his wife Josephine. Pope Pius VII can be seen on the right, his hand raised in blessing. Jacques Louis David (Paris, 1748–Brussels, 1825) was present at the ceremony, during which he had the opportunity to sketch several groups of figures, and he even included his own image in the central gallery overlooking the scene, on the left. David drew inspiration from the *Coronation of Marie de Medici* by the Flemish painter Peter Paul Rubens, depicting an extensive frieze of figures organized by their stations in life—clergy, cardinals, ambassadors, military men, and members of the Bonaparte family—while maintaining a unified, harmonious composition. Napoleon's sisters appear dressed in white, and his brothers are shown wearing Renaissance-style caps. Josephine's ladies-in-waiting lift her red velvet train, which is lined with ermine and embroidered with bees symbolizing the Empire. This visual document depicts almost two hundred figures. More than a hundred are portraits, which were executed in studios—an enormous task that took David and his student Georges Rouget three years to complete. Napoleon was determined to assert his legitimacy as emperor: he insisted that his mother, Maria Letizia Bonaparte, née Ramolino (who was opposed to the coronation and refused to attend the ceremony), appear in the painting, in a place of honor. On seeing the work, Napoleon exclaimed, "How true to life! This is not a painting; one walks within this picture."

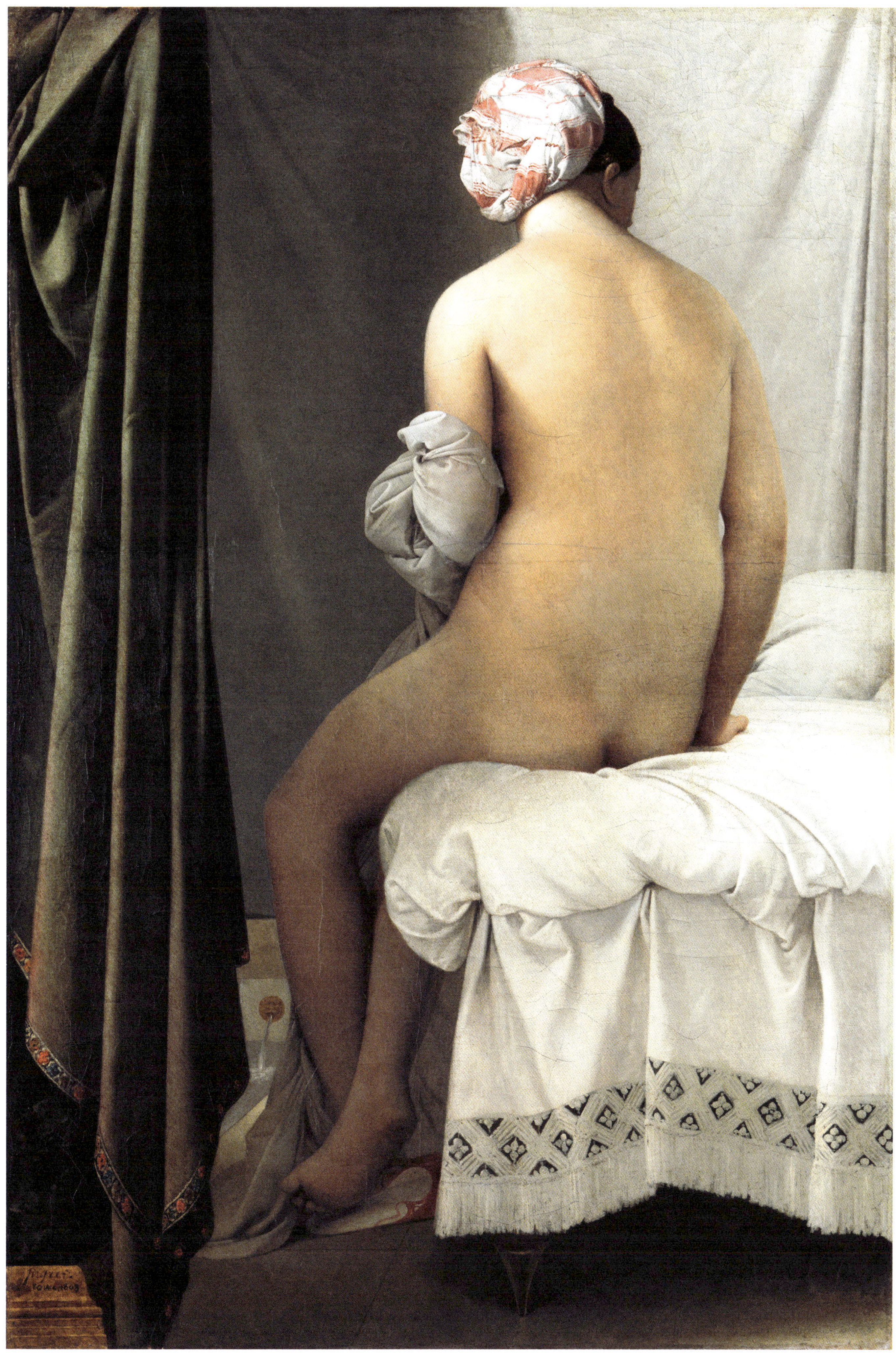

1808

Jean Auguste Dominique Ingres

La Baigneuse, dite
La Baigneuse Valpinçon

huile sur toile
146 × 97 cm
Paris, musée du Louvre,
aile Sully, 2ᵉ étage, salle 940

Jean Auguste Dominique Ingres

The Valpinçon Bather

oil on canvas
4 ft. 9½ in. × 3 ft. 2 in. (146 × 97 cm)
Musée du Louvre, Paris
Sully wing, 2nd floor, room 940

Cette femme nue, vue de dos, est entourée de tentures pour mieux mettre en valeur les courbes de son corps. Elle constitue le point de départ d'une série de nus féminins peints par Jean Auguste Dominique Ingres (Montauban, 1780 - Paris, 1867) dont l'aboutissement sera *Le Bain turc* en 1862 où figure, dans la même pose et au centre de la scène, cette baigneuse. Grand portraitiste, l'artiste avait atteint le summum dans la représentation du nu féminin, réussissant la synthèse entre le réalisme de l'imitation physique, tactile, de la chair et l'idéalisation érotique des courbes et des lignes du corps. Nombre de ses contemporains se moquaient de ses faibles connaissances en anatomie « cette science affreuse [l'anatomie], cette horrible chose, à laquelle je ne peux pas penser sans dégoût ». Dans cette œuvre, Ingres refuse la description du visage, invisible au spectateur, et nie ainsi la personnalisation du modèle. C'est sur une sorte de lit de repos que le peintre a mis en scène son modèle, entièrement nu, à l'exception du foulard qui orne ses cheveux et du linge qu'elle tient serré dans son bras gauche. Réaliste dans sa posture autant que dans le traitement de son corps, cette grande Baigneuse s'écartait parfaitement du modèle académique, refusant la référence antique et récusant la moindre symbolique justificative. Durant toute sa carrière, l'artiste poursuit sa recherche de l'idéal, reprenant les mêmes motifs pour atteindre la perfection. Mais l'Orient d'Ingres est un mythe. L'artiste ne voyagea pas plus loin que l'Italie et jamais il ne collectionna d'objets orientaux. Il invente la femme orientale telle qu'il la rêve.

This female nude, observed from behind, is surrounded by draperies that enhance the voluptuous curves of her body. She is the first of a series painted by Jean Auguste Dominique Ingres (Montauban, 1780– Paris, 1867), which culminated in *The Turkish Bath*; painted in 1862, it depicts the same bather, in the same pose, used as the composition's focal point. Although he was known as an accomplished portraitist, Ingres's ultimate achievement was the representation of the female nude. He masterfully combined the tactile physical reality of flesh with the erotic idealization of the body's volumes and curves. Many of Ingres's contemporaries ridiculed his tenuous grasp of human anatomy, but he referred to its study as a "ghastly science, this monstrous thing, which I cannot contemplate without revulsion." In this *Bather*, Ingres avoided the depiction of the subject's face; it is turned away from the viewer, thus eliminating any sense of the model's individuality. She is seated on a sort of daybed, entirely nude except for the scarf tied around her head and the cloth tightly wrapped around her left arm. The work is realistic in its pose as well as in its treatment of the body. It is remote from academic conventions, rejecting any references to classical art and eschewing any symbolic justification for its subject matter. Throughout his career, Ingres continued his quest for an aesthetic ideal, returning repeatedly to the same motifs in his pursuit of perfection. But Ingres's mysterious Orient was an invention. He never traveled beyond Italy or collected oriental objets d'art. His exotic odalisques are conjured from his imagination.

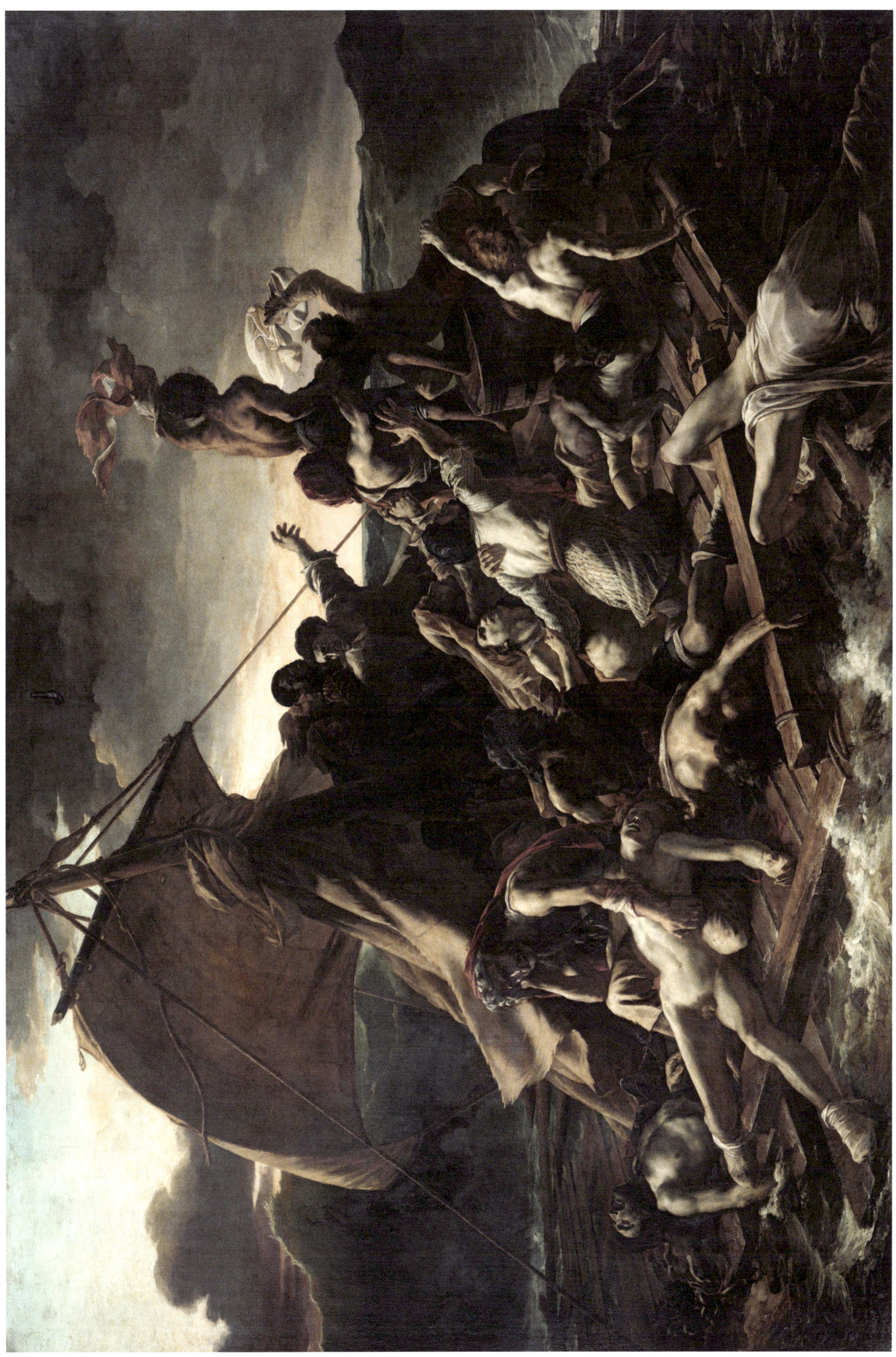

1818–1819

Théodore Géricault
Le Radeau de La Méduse

huile sur toile
491 × 716 cm
Paris, musée du Louvre,
aile Denon, 1ᵉʳ étage, salle 700

Théodore Géricault
The Raft of The Medusa

oil on canvas
16 ft. 1 in. × 23 ft. 6 in. (4.91 × 7.16 m)
Musée du Louvre, Paris
Denon wing, 1st floor, room 700

En 1816, une frégate de la Marine royale, *La Méduse*, fait naufrage au large des côtes du Sénégal. Sur les cent quarante-neuf personnes qui se sont entassées sur un radeau de fortune, seules quinze survécurent après avoir dérivé douze jours durant. Deux de ces témoins publièrent leur récit, racontant des scènes de meurtre et de cannibalisme.

Présentée au Salon de 1819, la toile suscite un énorme scandale : pour la première fois, un artiste, Théodore Géricault (Rouen, 1791-Paris, 1824), représente un événement contemporain. De plus, il met en scène des anonymes et montre avec un réalisme cru des mourants et des cadavres. Le thème est également perçu comme une critique du pouvoir en place : le naufrage a suscité une forte contestation contre Louis XVIII (1755-1824), qui avait nommé au commandement de ce bateau Hugues Duroy de Chaumareys (1763-1841), capitaine revenu d'immigration, âgé et incompétent.

Pour Géricault, cette œuvre, plutôt qu'un pamphlet, est un grand sujet réaliste et d'actualité qui lui permet de s'intéresser à l'étude des aspects les plus sombres et les plus douloureux de l'âme humaine. La composition est tendue vers l'espérance, dans un mouvement ascendant vers la droite qui culmine avec l'homme noir, figure de proue de l'embarcation. Au pied du mât figurent les deux rescapés qui lui décriront ensuite le radeau. Pour étudier les cadavres, le peintre s'est rendu dans les morgues des hôpitaux parisiens et s'est inspiré de maquettes en cire.

In 1816, *The Medusa,* a French Royal Navy frigate, was shipwrecked off the coast of Senegal. Of the 149 souls crowded onto a flimsy raft, only fifteen survived after twelve days adrift. Two of these survivors published their stories, recounting appalling tales of murder and cannibalism.

Exhibited in the 1819 Salon, the canvas scandalized viewers. The artist, Théodore Géricault (Rouen, 1791–Paris, 1824), was among the first to represent a contemporary event. He boldly depicted a nameless mass of victims, rendering the dying and the dead with brutal realism. The subject was also perceived as a harsh criticism of the existing power structure: the shipwreck aroused angry resistance to the administration of Louis XVIII (1755–1824), who had named Hugues Duroy de Chaumareys (1763–1841), an elderly and incompetent captain recently recalled from abroad, as the ship's commander.

For Géricault, this work was no mere political broadside. It was a grandiosely realistic and topical subject that allowed him to explore the darkest and most sorrowful aspects of the human soul. Ultimately, the work hints at hope: the composition features a rising movement toward the right, culminating with the Black man who soars above the throng like the figurehead of a ship. The two survivors who would later describe the experience appear at the foot of the mast. Géricault traveled to the morgues of Parisian hospitals to make studies of corpses and used wax models of the human body to create this realistic work.

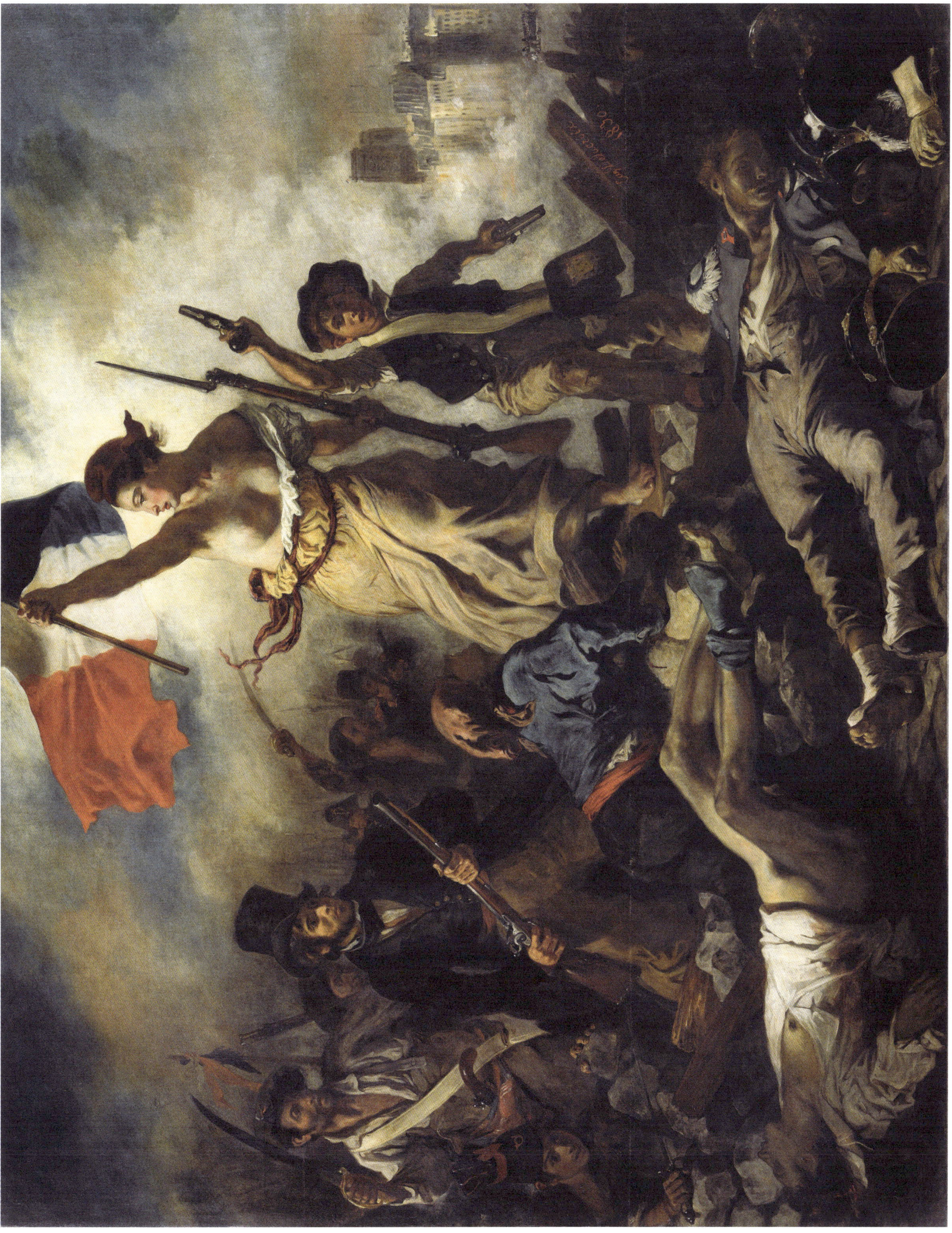

1831

Eugène Delacroix

Le 28 Juillet. La Liberté guidant le peuple (28 juillet 1830)

huile sur toile
260 × 325 cm
Paris, musée du Louvre,
aile Denon, 1ᵉʳ étage, salle 700

Le 2 juillet 1830, Charles X (1757-1836) publie une série d'ordonnances suspendant les libertés, en particulier la liberté de la presse, ce qui provoque la révolution de 1830 et trois jours d'émeutes les 27, 28 et 29 juillet, que l'on a appelées les Trois Glorieuses. L'insurrection populaire détrôna le dernier des rois Bourbons ; son cousin Louis-Philippe, duc d'Orléans (1773-1850) lui succéda comme roi des Français, instaurant une monarchie parlementaire.

Témoin de l'événement qui l'inspire profondément, Eugène Delacroix (Charenton-Saint-Maurice, 1798 - Paris, 1863) réalise une allégorie. Pour faire du sujet un symbole, il associe un réalisme précis – Notre-Dame de Paris et les maisons du quartier – à un univers imaginaire que domine la figure allégorique conduisant le peuple de Paris vers un monde idéal. Il ne s'agit pas de la peinture d'un fait précis mais plutôt de la création d'un hymne universel à la liberté symbolisée par une femme coiffée du bonnet phrygien et brandissant le drapeau tricolore. Un jeune garçon l'accompagne ainsi qu'un groupe de révolutionnaires. Ils sont comme reliés, à la partie inférieure, par un ouvrier blessé. « J'ai entrepris un sujet moderne, une barricade, et si je n'ai pas vaincu pour la patrie au moins peindrai-je pour elle », écrit Delacroix à son frère en 1830. Cette représentation de la Liberté sous les traits d'une femme moderne, totalement éloignée des canons de l'époque – la pilosité de ses aisselles fait scandale – est l'une des plus fortes de la peinture française du XIXᵉ siècle. La scène, tout en mouvement, s'inscrit dans une composition en forme de pyramide : elle permet de contenir la fougue provoquée par le sentiment de la victoire qui anime les combattants. Cette figure féminine évoque les statues antiques. Ce tableau, témoignage de l'enthousiasme romantique et révolutionnaire, eut un retentissement dans toute l'Europe. Ami des rois et des nobles, Delacroix était en même temps épris de liberté et considéré comme le chef de file du mouvement romantique.

Eugène Delacroix

July 28: Liberty Leading the People

oil on canvas
8 ft. 6½ in. × 10 ft. 8 in. (2.60 × 3.25 m)
Musée du Louvre, Paris
Denon wing, 1st floor, room 700

On July 2, 1830, Charles X (1757–1836) issued a series of ordinances suspending civil liberties, particularly freedom of the press. These acts gave rise to the Revolution of 1830 and three days of rioting on July 27, 28, and 29, known as the "Trois Glorieuses" (Three Glorious [Days]). The popular insurrection overthrew the last of the Bourbon line; Charles's cousin Louis-Philippe, Duke of Orléans (1773–1850) succeeded him as king of the French, instituting a parliamentary monarchy.

Eugène Delacroix (Charenton-Saint-Maurice, 1798–Paris, 1863) witnessed these events. Profoundly moved, he painted this allegorical work. To enhance the painting's symbolic significance, Delacroix combined highly realistic renderings of Notre-Dame de Paris and nearby houses with an imaginary vision dominated by an allegorical figure leading the people of Paris toward a new, ideal world. His intent was not to depict an actual event, but rather to compose a universal anthem to freedom, symbolized by a woman wearing a Phrygian cap and brandishing the Tricolor. She is accompanied by a young boy and a revolutionary band who are visually linked by a wounded worker whose body sprawls in the lower part of the picture. "I have undertaken a modern subject, a barricade, and although I may not have fought for my country, at least I shall have painted for her," wrote Delacroix to his brother in 1830. The representation of Liberty as a modern woman was utterly alien to the aesthetic norms of the era (her underarm hair was considered outrageous), but it is one of the most powerful images of French nineteenth-century painting. The scene is full of movement: a pyramidal composition contains and emphasizes the passionate emotion aroused by the victorious spirit spurring the combatants forward. This depiction of a woman also evokes classical sculpture. The painting embodied the era's romantic and revolutionary enthusiasms and had an impact throughout Europe. Delacroix had friends within royal and aristocratic circles, but he was devoted to the cause of freedom and was considered the standard-bearer of the Romantic movement.

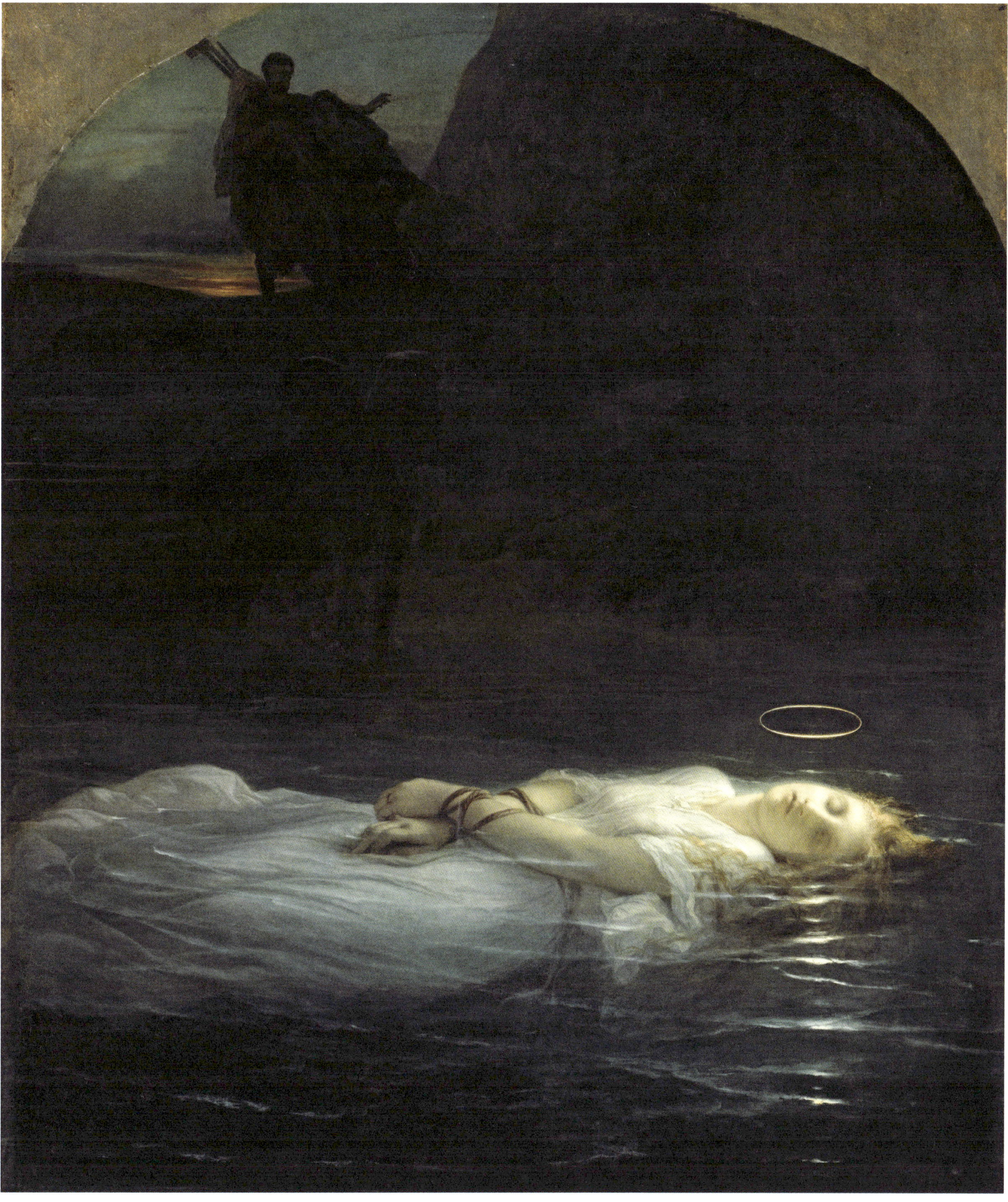

1855

Paul Delaroche

La Jeune Martyre

huile sur toile
171 × 148 cm
Paris, musée du Louvre,
aile Denon, 1ᵉʳ étage, salle 701

Paul Delaroche (Paris, 1797 - Paris, 1856) est l'élève d'Antoine
Jean Gros (1771-1835). Il expose au Salon de 1822, est admis à l'Institut
en 1832, puis est nommé professeur à l'École des beaux-arts de Paris,
où il réalise de 1837 à 1841 la peinture murale qui orne l'hémicycle
de cette institution. Ses thèmes favoris sont les sujets historiques
et religieux. Cette toile représente une jeune chrétienne, symbole de
l'innocence, au temps de l'empereur romain Dioclétien (245 - v. 313).
N'ayant pas voulu renier sa foi, elle a été jetée dans le Tibre, les mains liées.
À propos du sujet de ce tableau, Delaroche note dans une lettre :
« deux chrétiens, qui cheminent silencieusement, aperçoivent le cadavre
de la jeune martyre, qui passe devant eux emporté par les eaux ».
L'utilisation du clair-obscur, la gamme sourde de la palette, le visage
baigné de lumière sont caractéristiques du style de Delaroche, à
mi-chemin entre le romantisme et le néoclassicisme. Son goût pour
le sentimentalisme religieux est apprécié par la société bourgeoise
de l'époque mais suscite le mépris des critiques. Le peintre tient ce chef-
d'œuvre sentimental et lyrique pour « la plus triste et la plus sacrée » de
ses compositions. C'est son dernier grand tableau : il meurt l'année suivante.

Paul Delaroche

The Young Martyr

oil on canvas
5 ft. 7½ in. × 4 ft. 10½ in. (1.71 × 1.48 m)
Musée du Louvre, Paris
Denon wing, 1st floor, room 701

Paul Delaroche (Paris, 1797–Paris, 1856) was a student of Antoine
Jean Gros (1771–1835). He first exhibited in the 1822 Salon and
was admitted to the Institut in 1832. He was subsequently named
a professor at the École des Beaux-Arts de Paris, where he painted
the mural in the school's auditorium between 1837 and 1841.

Delaroche favored historic and religious themes. This canvas depicts
a young Christian woman, the embodiment of innocence, during the
reign of the Roman emperor Diocletian (b. 245–d. c. 313). Refusing to
renounce her faith, she was thrown into the Tiber to drown, her hands
lashed together. In a letter, Delaroche described the painting's subject
matter thus: "Two Christians, walking along silently, observe the young
martyr's body as it floats past them in the waters." The artist's use of
chiaroscuro, the palette's muted colors, and the model's face suffused
with light are typical of Delaroche's work, which occupies a midpoint
between romanticism and neoclassicism. His tendency toward religious
sentimentality was appreciated by the era's bourgeoisie but aroused
the scorn of critics. The painter considered this emotional and lyrical
masterwork as the "most sorrowful and most sacred" of all his works.
It was his last major painting, and Delaroche died the following year.

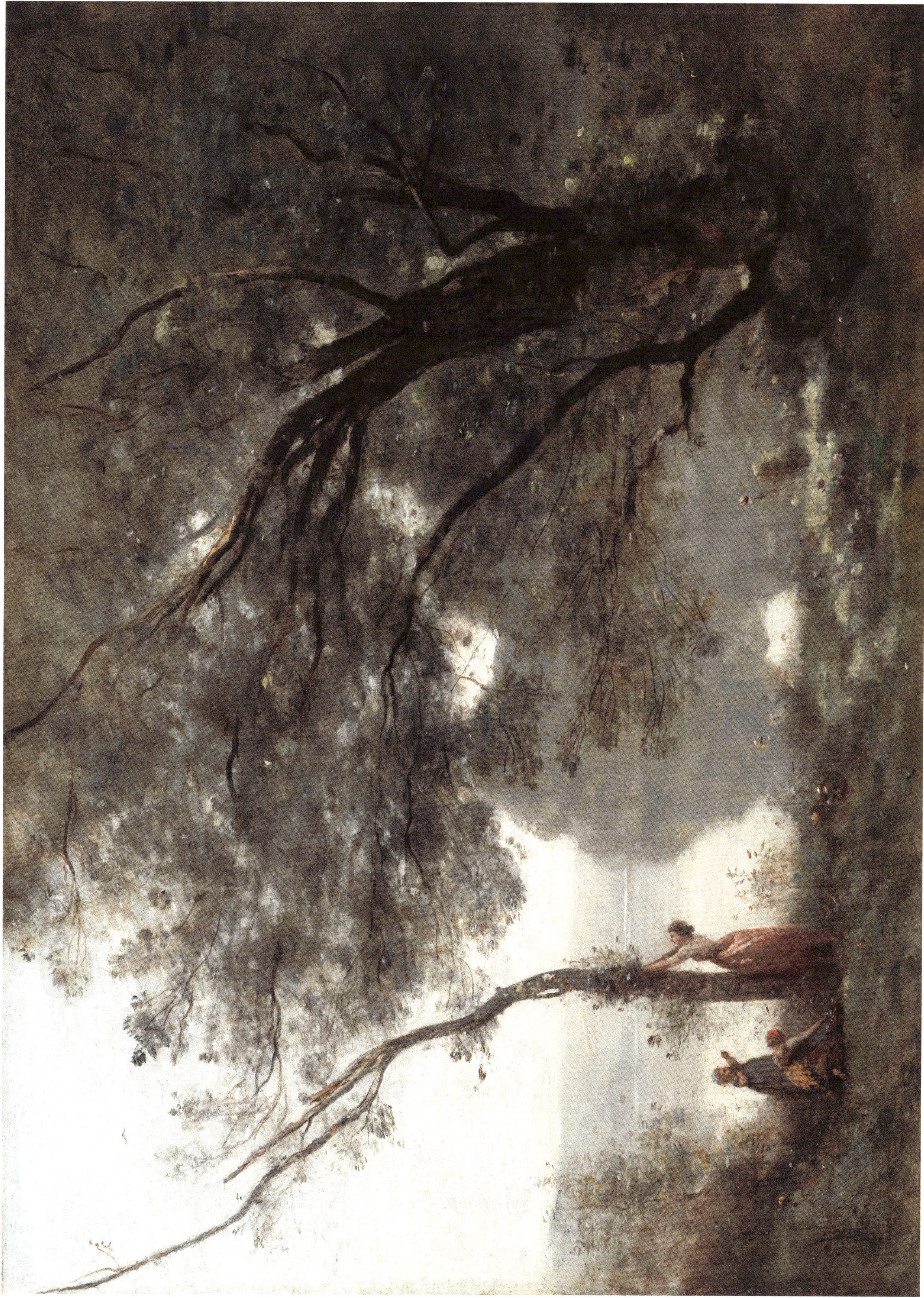

1864

Jean-Baptiste Camille Corot

Souvenir de Mortefontaine

huile sur toile
65 × 89 cm
Paris, musée du Louvre,
aile Sully, 2ᵉ étage, salle 952

Cette vue évoque les étangs de Mortefontaine, situés près de Senlis, au nord de Paris. Jean-Baptiste Camille Corot (Paris, 1796-Paris, 1875) y effectue plusieurs campagnes d'étude en plein air, à partir de 1850, puis recompose dans son atelier le souvenir qu'il en a conservé. Il crée ainsi un univers poétique et sentimental à partir des impressions qu'il a pu ressentir dans la nature. «Tout en cherchant l'imitation consciencieuse, je ne perds pas un instant l'émotion qui m'a saisi », écrit-il dans un carnet de 1855. Dans cette toile, Corot célèbre le thème universel de la cueillette, qui exprime l'intégration de l'homme dans la nature. L'équilibre de la composition est fondé sur la dissymétrie entre la partie droite, figée, et la partie gauche, animée par trois jeunes filles qui ont remplacé les habituelles divinités païennes. La touche tremblée, l'atmosphère vaporeuse vient du traitement de la lumière, qui donne une sensation de flou : la surface du lac est vue comme à travers une légère brume. La gamme de couleurs utilisée est réduite : le bleu pâle du ciel, le gris argenté de l'eau, les bruns et les verts de la végétation forment une palette raffinée. Ce tableau constitue une étape importante dans la carrière du peintre : ces effets de brume argentée sont l'aboutissement de quinze années de recherches ; ils sont dès lors régulièrement dans son œuvre.

Jean-Baptiste Camille Corot

Souvenir of Mortefontaine

oil on canvas
25½ × 35 in. (65 × 89 cm)
Musée du Louvre, Paris
Sully wing, 2nd floor, room 952

This vista depicts the ponds of Mortefontaine near Senlis, a town north of Paris. Jean-Baptiste Camille Corot (Paris, 1796–Paris, 1875) made several series of plein air studies there, beginning in 1850, later reworking them in his studio to reconstitute his memories of them. He thus created a poetical and sentimental world based on the impressions he had documented from nature. "While always striving for conscientious imitation, I never forget for an instant the emotion that overwhelmed me," he wrote in a notebook in 1855.

In this canvas, Corot celebrates the harvest, a universal theme that expresses the harmony of nature and humankind. The composition is balanced between the right-hand portion, which conveys a sense of stillness and silence, and the left, which is enlivened by three young girls, who take the place of traditional pagan divinities. The tremulous brushstrokes create a misty atmosphere, giving an impression of light and a sense of insubstantiality. The lake's surface is seen through a haze. The artist uses colors with restraint: the sky's pale blue, the water's silvery-gray, and the vegetation's browns and greens form a subtle palette. This painting is an important landmark in the artist's oeuvre. The silvery light effects were the culmination of fifteen years of research and appeared regularly in Corot's work throughout the remainder of his career.

Textes de / Text by
Charles Delaville

Julie Rouart
Kate Mascaro
Directrices éditoriales / Editorial Directors

Delphine Montagne
Responsable de l'administration éditoriale /
Administration Manager

Mélanie Puchault
Helen Adedotun
Éditrices / Editors

Elizabeth Heard
Traduction du français /
Translation from the French

Penelope Isaac
Préparation de copie / Copyediting

Colette Malandain
Nicole Foster
Relecture / Proofreading

Roman Rolo
Conception graphique / Design

Studio Recto Verso
Mise en page / Typesetting

Corinne Trovarelli
Fabrication / Production

Les Artisans du Regard
Photogravure / Color Separation

Avec la précieuse collaboration de Violaine Bouvet-Lanselle,
chef du service des éditions du musée du Louvre

With the valuable participation of Violaine Bouvet-Lanselle,
Head of the Editorial Department at the Musée du Louvre

Cet ouvrage est composé en *Louize Display*, 205 TF ©
et imprimé sur du Magno Natural 300 g.

This work was composed in *Louize Display*, 205 TF ©
and printed on Magno Natural 300 g.

© Flammarion, S.A., Paris, 2021

Flammarion, S.A.
87, quai Panhard et Levassor
75647 Paris Cedex 13
editions.flammarion.com

N° d'édition (édition française) : L.01EBUN000833
Edition no. (English-language edition): L.01EBTN000947

ISBN (édition française) : 9782080244475
ISBN (English-language edition): 978-2-08-020697-8

Dépôt légal / Legal Deposit: 09/2021

21 22 23   3 2 1

Achevé d'imprimer en mars 2021 sur les presses
de **Graphius** (Gand), en Belgique

Printed in Belgium (Ghent) in March 2021 by Graphius

Conseils d'accrochage

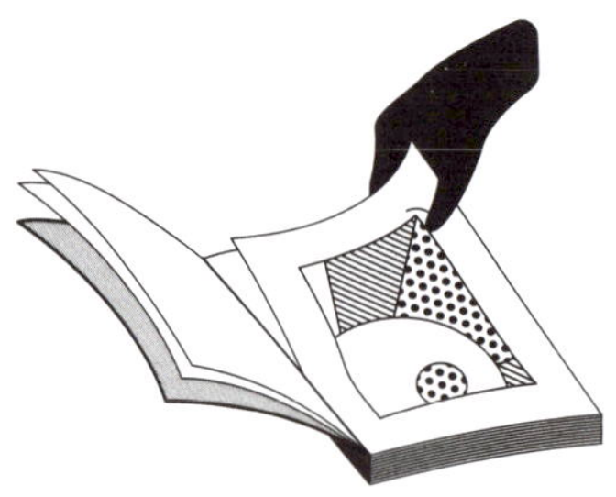

Creating Your Home Gallery

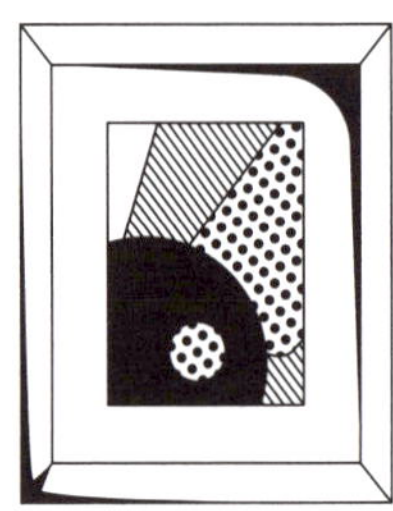
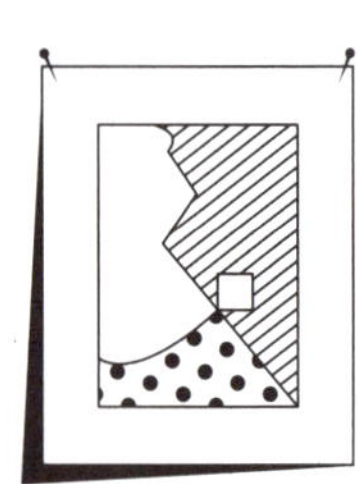

Les œuvres s'encadrent très facilement (leur format correspond à la taille standard des cadres 24 × 30 cm et 15 × 20 cm), mais seront tout aussi jolies tenues par de fines épingles.

These prints can be framed effortlessly; they fit standard 24 × 30 cm frames (15 × 20 cm frames for the half-page prints). They also look attractive pinned to the wall with decorative thumb tacks.

Pour que l'accrochage soit esthétique, l'espacement idéal entre chaque œuvre est de 3 à 5 cm. Veillez bien à ce que l'espacement entre chaque œuvre soit identique.

L'alternance d'œuvres au format portrait (vertical) et paysage (horizontal) donnera du rythme à votre accrochage.

For an attractive display, the works should ideally be placed 1¼ to 2 in. (3 to 5 cm) apart. Ensure the frames are equally spaced.

Alternate between portrait (vertical) and landscape (horizontal) formats for variety and harmony.

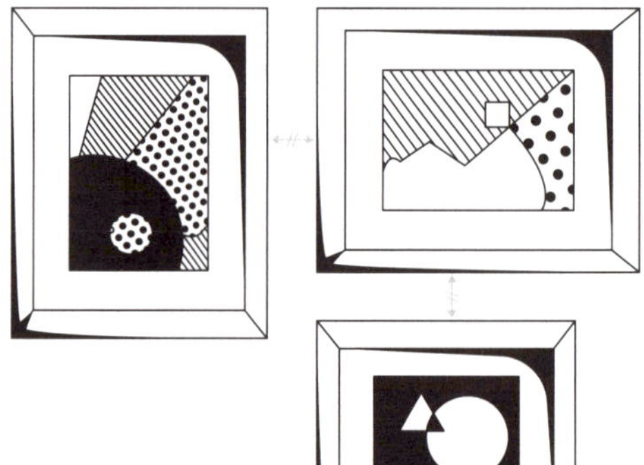

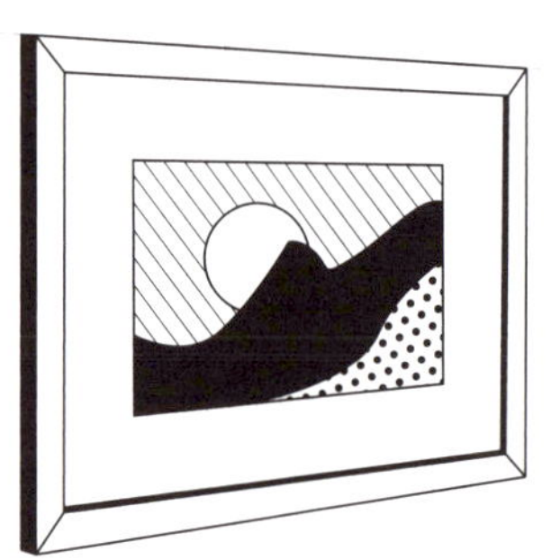
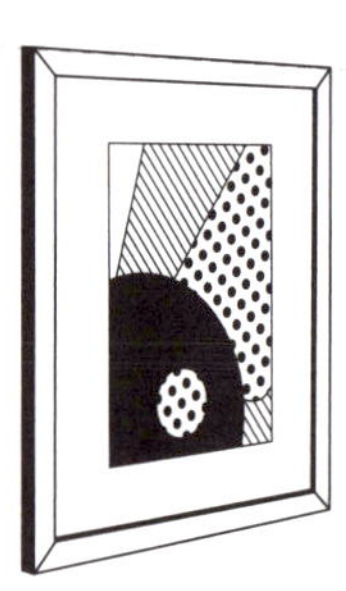

Pensez à aligner certaines œuvres pour créer des lignes et structurer votre accrochage.

Osez éloigner les motifs similaires pour créer un rappel visuel.

Faire se confronter les lignes de force des œuvres créées par les couleurs ou les dessins est le secret d'un accrochage réussi. Une ligne horizontale répondra parfaitement à un motif vertical, par exemple.

Align certain frames so as to create visual lines and add structure to the overall display.

Try distancing similar designs from each other to create additional visual interest.

The secret to creating a successful display is to establish interactions between key elements formed by colors or contours. A horizontal line will be the perfect counterpoint to a vertical motif, for example.

Changer régulièrement votre accrochage donnera un vent de nouveauté à votre intérieur.

Changing the display regularly will instantly update your decor.